蛟桥经济文库

2019

乡村振兴战略背景下
农民的主要问题
——经济社会学视角

彭新万◎著

THE MAIN PROBLEMS OF FARMERS IN THE CONTEXT OF THE STRATEGY OF RURAL REVITALIZATION

Economic Sociology Perspective

本书得到国家自然科学基金项目——农村生态产业发展的促进机制与支持政策研究"（项目编号：71563015）、2019年江西省社会科学规划课题——江西省乡村振兴战略中返乡农民工人力资本再建设的内生性逻辑与政策研究（项目编号：19SH08）等项目的支持。

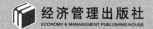

经济管理出版社
ECONOMY & MANAGEMENT PUBLISHING HOUSE

图书在版编目（CIP）数据

乡村振兴战略背景下农民的主要问题：经济社会学视角／彭新万著. —北京：经济管理出版社，2019.12

ISBN 978-7-5096-6972-3

Ⅰ. ①乡… Ⅱ. ①彭… Ⅲ. ①农民问题—研究—中国 Ⅳ. ①D422.6

中国版本图书馆 CIP 数据核字（2019）第 301728 号

组稿编辑：王光艳
责任编辑：魏晨红
责任印制：黄章平
责任校对：董杉珊

出版发行：经济管理出版社
　　　　　（北京市海淀区北蜂窝 8 号中雅大厦 A 座 11 层　100038）
网　　址：www. E-mp. com. cn
电　　话：（010）51915602
印　　刷：北京晨旭印刷厂
经　　销：新华书店
开　　本：720mm×1000mm/16
印　　张：9
字　　数：157 千字
版　　次：2020 年 5 月第 1 版　　2020 年 5 月第 1 次印刷
书　　号：ISBN 978-7-5096-6972-3
定　　价：68.00 元

前　言

　　党的十九大做出了实施乡村振兴战略的重大决策部署，对今后的乡村发展指明了方向。2018年3月8日，习近平总书记在参加十三届全国人大一次会议山东代表团审议时强调指出，实施乡村振兴战略，是决胜全面建成小康社会、全面建设社会主义现代化国家的重大历史任务，是新时代做好"三农"工作的总抓手。乡村振兴是为了实现农业强、农村美、农民富。归根结底，农民是乡村振兴战略的实施主体、受益主体、评价主体，必须调动亿万农民的积极性、主动性和创造性，不能以行政命令代替农民意愿，不能让农民利益受损，可见，农民在乡村振兴战略实施中具有十分重要的地位。基于此，本书从经济社会学视角研究了乡村振兴战略中的农民问题，即主要研究了农民（工）流动、农民土地财产权利实现、农民转型及发展三个维度五个方面的农民问题，这五个问题既自成体系，又共同构成了农民权利和发展体系，任何一个方面如果处理不当将会直接影响乡村振兴战略的有效推进。

　　一是农民工的市民化及其回流问题。

　　在乡村振兴战略实施背景下，科学对待农村人口的城市化问题有助于推动乡村振兴的实施。乡村振兴的蓝图是靠减少农民工数量的同时提高农业规模及其效益，将乡村引向城镇化和城市化，实现农民工市民化及农业规模化与现代化的转变。首先，农民工回流对农业农村发展有着更积极的意义。外出务工不仅能增加农民工收入，解决耕地资源的紧张问题，对缓解农村人口膨胀也有积极影响。然而，大量青壮年劳动力外出务工，不少乡村经济的发展由乡村的"3860"人员支撑，对农村经济和新农村建设造成了很大障碍，使得农村经济社会发展的人口红利快速消失。农民工的回流不仅重新为农村经济社会发展提供了新的人力资本，也给农村带来了先进的技术、新的发展理念和发展思路，新的人口红利可能在乡村发展中重现。其次，作为乡村振兴战略中的重要内容——新型城镇化建设，农民工回流为新型城镇化建设和发展提供人力、技术等保障。新型城镇化重要的是人口城（镇）市化，而农民工回流必须将自身的劳动力数量优势转变为人力资本质量优势，从更长远的角度驱动城镇化的发展。

二是农民和农民工的转型问题。

根据人口普查数据估算，从改革开放以来，平均每年从农村地区转移进入城镇的人口有 1600 万左右。2018 年，全国农民工总量已达 28836 万人，其中到乡外就业的外出农民工 17266 万人①。虽然外出农民工的人数很多，但是只有少部分农民工能在城市扎根，大部分的农民工由于经济、家庭等因素，最终还是回到农村。农民工的回流不仅实现了自身的发展，而且填补了当地经济发展和乡村振兴的人才空缺。在外的工作和生活经历使他们提高了自身的素质和工作技能，思想观念更加开阔，自身的人力资本有所提高，可以为乡村带来发展。虽然政府不断加强对回流农民工的建设，但并不是所有的回流农民工都实现了自身人力资本的提升，部分回流农民工依然存在文化程度不高、职业技能缺乏、经营管理经验不足、医疗健康水平不高等问题。但相比留守农民而言，农民工又有着明显人力资源优势。所以在乡村振兴战略背景下对回流农民工的人力资本进行建设，可以达到又快又好的效果，使得回流农民工的人力资本达到乡村振兴建设所需要求。因此，根据乡村振兴的人才要求，加强回流农民工的人力资本建设，不仅是回流农民工自身的转型，而且对乡村振兴战略的推进具有战略意义。

三是农民的土地财产权实现问题。

从现代产权理论出发，财产权的保护与实现必须基于其明确、清晰的属性。当前，我们并未认清我国农民财产权的"私有"本质，导致农地产权市场化实现过程中不够公平、公正，农民财产权随之流失。同时，不完整的产权结构也使得农民土地财产权被侵蚀、收益权遭受分割。追根溯源，这是因为我国长期避开农地所有权而只从使用权方面讨论农民农地权益保障的问题。改革开放以来，虽然政府出台了众多法律、法规对农民土地权益进行界定和保护，但是，制度制定者及其理论研究者在把握农地的公有所有权与农民的农地使用权两者关系时，习惯性地撇开农地所有权来讨论农地使用权及对农地财产权的保护问题。但是，就一个国家来说，农地所有权对国家和农民均具有同样的意义。对国家来说，国家拥有国土资源管理权，具有具体的宏观管理和监控国土资源所有权；对农民来说，是具体的农地财产所有权，两者地位平等。但是，实践中农民的农地权益是从农地所有权中分离出来的使用权权属，农民居于从属地位。简单地说，

①《2018 年农民工监测调查报告》。

实践中体现出来的"农地不是你(农民)的"特征,否定了法律界定农民作为所有权主体成员资格的地位。因此,实践中农地财产权受到侵蚀、分割,不仅耕地、自留地不能抵押,林地也难以实现转让,甚至连几乎具有完全"私有"产权性质的宅基地也不能转让或抵押。长期以来,这种农民仅有的农地使用权从属于农地所有权的认识,导致政府在农地发展权配置中始终处于强势地位。显然,这是农地制度实践中存在的一个很大误区,也是导致农民土地财产权益缺失的根本原因。因此,要保障农民具有完整意义上的土地财产权益,就必须从确定农民在农地产权中的地位着手,保证农民具有独立的土地财产权。

四是农民农地承包权有偿退出问题。

当前,我国正处于新型城市化、现代化与工业化快速发展的时期,城市化在相当长的时间内都会是我国未来发展的主线。在城市化快速发展的背景下,农村大量劳动力转移到城市,然而由于我国特殊二元经济结构及户籍制度等因素制约,导致现阶段"半城市化"、"农民工半市民化"、农民"离乡不离土"及"空心村"等现象的产生。所以,推进农民农村土地有序退出是现阶段推进我国"人口城市化"和"土地城镇化"有序发展的内在要求,而加快农地不同产权如承包权、经营权流转并促使土地承包权同经营权主体相分离,成为我国农业生产关系变化的新趋势。

为了使土地加快流转速度,提高耕地利用率,国家相继出台《农村土地承包法》《中共中央关于推进农村改革发展若干重大问题的决定》《物权法》等文件和法律,规定了农村土地流转方式并保障农民长期占有使用土地和获得收益的权利。2014年中央一号文件明确提出:"在落实农村土地集体所有权基础上,稳定农户承包权、放活土地经营权。"这是中央文件首次提出农村土地"三权分离","三权分离"新型农地产权制度是我国土地改革史上的一次伟大创新,标志着新一轮土地改革序幕的拉开。2015年国务院办公厅印发的《关于加快转变农业发展方式的意见》指出:"在坚持农村土地集体所有和充分尊重农民意愿的基础上,在农村改革试验区稳妥开展农户承包地有偿退出试点,引导有稳定非农就业收入、长期在城镇居住生活的农户自愿退出土地承包经营权。"2019年的新《土地管理法》对农民集体和农民产权的实现做了更明确、详细和突破性的规定。当前,结合我国农村人口流动及土地流转现状,要解决农村人口流动频繁导致的"空心村"和农民工"离农不离地"的现象,必须找到一套行之有效的农民土地承包权退出机制。由于退出机制的缺失,既导致了农民在社会流动中选择永久地退出农村和农地的比率极低,并且严重制约了农民工市民化与城镇化的发展，又导致了耕地和农地资源利用率低下。因此，在三权分置的背景下，推进农民承包权的有偿退出意义重大。

五是农民的脆弱性贫困问题。

精准扶贫是党的十八大以来扶贫模式的根本性转变，取得了扶贫工作的历史性成就，使当前农村贫困发生率处于历史最低水平。在充分肯定成绩的同时，我们还应该看到，精准扶贫还有需要深度解决的问题，如侧重于经济扶贫而忽略了人文扶贫、侧重于发挥政府的主观能动性而忽略了贫困个体自身的主体性、侧重于政府的规范性规定而忽视了贫困个体的内生性需求等，这些与贫困的本质认识不完全一致。2019 年，经济学诺贝尔奖获得者的突出贡献是对贫困的本质并用全新的方法——实验研究方法做了创新性研究。从方法论角度讲，获奖者的实现方法如今完全支配了发展经济学；从实验研究方法出发，他们倡导的解决贫困的主张或干预措施，如改善教育、重视预防性医疗补贴等，大大提高了对抗贫困的能力。2020 年是我国扶贫工作的决胜之年，精准扶贫不仅要深化经济层面的主张，同时要改善和加强贫困群体的教育或者培训、公共产品的供给，给予更充分的人文关怀。

如果从多维角度关注农民，农民在社会向现代化转型过程中面临的不仅是上述五个方面的问题，为了不使读者对本书的理论产生歧义，有必要对以下两个方面做出说明：

一是没有将农民非经济主张如民主参与、社区治理等纳入研究范围，而主要是从经济社会学的角度或更侧重于经济学的视角研究当代农民财产权与发展面临的问题。从世界观角度讲，遵循了马克思主义的经济基础决定意识形态的唯物史观。关于这五个方面内容的选择，主要运用文献研究法获得，其重要性的排序没有纳入本书范围之中。

二是本书研究的数据、案例等既有全国性的，也有区域性的，这是根据研究内容的需要而做的相应安排，当然也与数据获取的方便性有关。诚然，样本数据和案例这样选取也不会影响本书所形成的结论和主张的合理性、正确性，更多是提供政策启示的作用。

目　录

第1章
农民工（农民）市民化抑或回流

农民工（农民）市民化是经济社会发展及城市化的必然结果和内在要求，乡村振兴战略的实践关键也是人，两大战略实施需要正确理解和化解农村人口流动问题。

1.1 农民工基本情况①

1.1.1 农民工规模、分布、流向及基本特征

1.1.1.1 农民工总量继续增加，增速回落明显

2018 年农民工总量为 28836 万人，比 2017 年增加 184 万人，增长了 0.6%。农民工增量比 2017 年减少 297 万人，总量增速比 2017 年回落 1.1 个百分点。在农民工总量中，在乡内就近就业的本地农民工为 11570 万人，比 2017 年增加 103 万人，增长了 0.9%；到乡外就业的外出农民工为 17266 万人，比 2017 年增加 81 万人，增长了 0.5%。在外出农民工中，进城农民工为 13506 万人，比 2017 年减少 204 万人，下降了 1.5%。如图 1-1 所示。

在外出农民工中，到省外就业的农民工为 7594 万人，比 2017 年减少 81 万人，下降了 1.1%；在省内就业的农民工为 9672 万人，比 2017 年增加 162 万人，增长了 1.7%。省内就业农民工占外出农民工的 56%，所占比重比 2017 年提高 0.7 个百分点。如表 1-1 所示。

---

① 本节内容主要摘自国家统计局《2018 年农民工监测调查报告》。

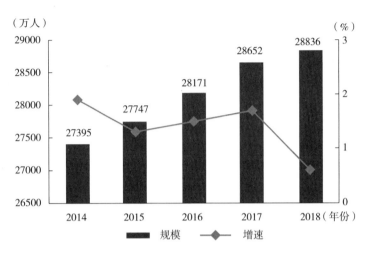

图 1-1　农民工总量及增速

表 1-1　2018 年外出农民工地区分布及构成　　单位：万人,%

按输出地分	外出农民工总量			构成		
	外出农民工	跨省流动	省内流动	外出农民工	跨省流动	省内流动
合计	17266	7594	9672	100.0	44.0	56.0
东部地区	4718	812	3906	100.0	17.2	82.8
中部地区	6418	3889	2529	100.0	60.6	39.4
西部地区	5502	2727	2775	100.0	49.6	50.4
东北地区	628	166	462	100.0	26.4	73.6

1.1.1.2　西部地区输出农民工增加最多，东部地区输出农民工略有减少

从输出地看，2018 年东部地区输出农民工 10410 万人，比 2017 年减少 20 万人，下降了 0.2%，占农民工总量的 36.1%；中部地区输出农民工 9538 万人，比 2017 年增加 88 万人，增长了 0.9%，占农民工总量的 33.1%；西部地区输出农民工 7918 万人，比 2017 年增加 104 万人，增长了 1.3%，占农民工总量的 27.5%；东北地区输出农民工 970 万人，比 2017 年增加 12 万人，增长了 1.3%，占农民工总量的 3.4%。如表 1-2 所示。

表 1-2　农民工地区分布　　　　　　　　　单位：万人，%

		2017 年	2018 年	增量	增速
按输出地分	东部地区	10430	10410	-20	-0.2
	中部地区	9450	9538	88	0.9
	西部地区	7814	7918	104	1.3
	东北地区	958	970	12	1.3
按输入地分	东部地区	15993	15808	-185	-1.2
	中部地区	5912	6051	139	2.4
	西部地区	5754	5993	239	4.2
	东北地区	914	905	-9	-1.0
	其他地区	79	79	0	0.0

注：其他地区指港、澳、台及国外。

1.1.1.3　在东部、东北地区就业的农民工减少，在中西部地区就业的农民工继续增加

从输入地看，2018 年在东部地区就业的农民工为 15808 万人，比 2017 年减少 185 万人，下降了 1.2%，占农民工总量的 54.8%。其中，在京津冀地区就业的农民工为 2188 万人，比 2017 年减少 27 万人，下降了 1.2%；在长三角地区就业的农民工为 5452 万人，比 2017 年增加 65 万人，增长了 1.2%；在珠三角地区就业的农民工为 4536 万人，比 2017 年减少 186 万人，下降了 3.9%。在中部地区就业的农民工为 6051 万人，比 2017 年增加 139 万人，增长了 2.4%，占农民工总量的 21.0%。在西部地区就业的农民工为 5993 万人，比 2017 年增加 239 万人，增长了 4.2%，占农民工总量的 20.8%。在东北地区就业的农民工为 905 万人，比 2017 年减少 9 万人，下降了 1.0%，占农民工总量的 3.1%。

1.1.1.4　农民工的基本特征

（1）50 岁以上农民工占比逐年提高。2018 年，农民工平均年龄为 40.2 岁，比 2017 年提高 0.5 岁。从年龄结构看，40 岁及以下农民工所占比重为 52.1%，比 2017 年下降了 0.3 个百分点；50 岁以上农民工所占比重为 22.4%，比 2017 年提高了 1.1 个百分点，近五年呈逐年提高趋势。从农民工的就业地看，本地农民工平均年龄为 44.9 岁，其中 40 岁及以下所占比重为 35.0%，50 岁以上所占比重为 33.2%，比 2017 年提高了 0.5 个

百分点；外出农民工平均年龄为 35.2 岁，其中 40 岁及以下所占比重为 69.9%，50 岁以上所占比重为 11.1%，比 2017 年提高了 1.9 个百分点。如表 1-3 所示。

表 1-3　农民工年龄构成　　　　　单位：%

年龄	2014 年	2015 年	2016 年	2017 年	2018 年
16~20 岁	3.5	3.7	3.3	2.6	2.4
21~30 岁	30.2	29.2	28.6	27.3	25.2
31~40 岁	22.8	22.3	22.0	22.5	24.5
41~50 岁	26.4	26.9	27.0	26.3	25.5
50 岁以上	17.1	17.9	19.1	21.3	22.4

（2）新生代农民工中超半数为"80 后"。1980 年及以后出生的新生代农民工占全国农民工总量的 51.5%，比 2017 年提高了 1.0 个百分点。2015 年，新生代农民工占全国农民工总量的 48.5%。2016~2018 年，新生代农民工占农民工总量的比重逐年提高，在 2018 年达到了 51.5%。如图 1-2 所示。

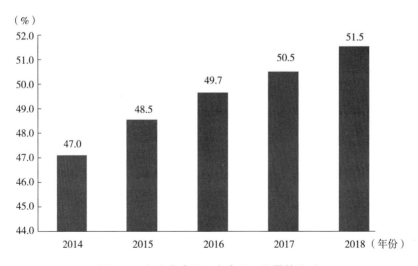

图 1-2　新生代农民工占农民工总量的比重

（3）大专及以上学历农民工占比继续提高。在全部农民工中，未上过学的占 1.2%，小学文化程度的占 15.5%，初中文化程度的占 55.8%，高中文化程度的占 16.6%，大专及以上文化程度的占 10.9%。大专及以上文化程度农民工所占比重比上年提高了 0.6 个百分点。在外出农民工中，大专及以上文化程度的占 13.8%，比 2017 年提高了 0.3 个百分点；在本地农民工中，大专及以上文化程度的占 8.1%，比 2017 年提高了 0.7 个百分点。

1.1.2　农民工就业与收入状况

1.1.2.1　在第三产业就业的农民工比重过半

从事第三产业的农民工比重为 50.5%，比 2017 年提高了 2.5 个百分点。一是从事传统服务业的农民工继续增加。从事住宿和餐饮业的农民工比重为 6.7%，比 2017 年提高了 0.5 个百分点；从事居民服务、修理和其他服务业的农民工比重为 12.2%，比 2017 年提高了 0.9 个百分点。二是脱贫攻坚设立了大量公益岗位，在公共管理、社会保障和社会组织行业就业的农民工比重为 3.5%，比 2017 年提高了 0.8 个百分点。从事第二产业的农民工比重为 49.1%，比 2017 年下降了 2.4 个百分点。其中，从事制造业的农民工比重为 27.9%，比 2017 年下降了 2.0 个百分点；从事建筑业的农民工比重为 18.6%，比 2017 年下降了 0.3 个百分点。如表 1-4 所示。

表 1-4　农民工从业行业分布　　　　单位:%，百分点

	2017 年	2018 年	增减
第一产业	0.5	0.4	-0.1
第二产业	51.5	49.1	-2.4
其中：制造业	29.9	27.9	-2.0
建筑业	18.9	18.6	-0.3
第三产业	48.0	50.5	2.5
其中：批发和零售业	12.3	12.1	-0.2
交通运输、仓储和邮政业	6.6	6.6	0.0
住宿和餐饮业	6.2	6.7	0.5
居民服务、修理和其他服务业	11.3	12.2	0.9
公共管理、社会保障和社会组织	2.7	3.5	0.8
其他	8.9	9.4	0.5

1.1.2.2 农民工的月均收入稳定增长

2018 年，农民工月均收入 3721 元，比 2017 年增加 236 元，增长 6.8%，增速比 2017 年提高 0.4 个百分点。分行业看，制造业，建筑业，交通运输、仓储和邮政业收入增速分别比上年提高 1.9 个、1.1 个和 0.1 个百分点；居民服务、修理和其他服务业收入增速与上年持平；批发和零售业、住宿和餐饮业收入增速分别比上年回落 0.4 个和 0.8 个百分点。如表 1-5 所示。

表 1-5 分行业农民工月均收入及增速　　　　单位：元,%

	2017 年	2018 年	增速
合计	3485	3721	6.8
制造业	3444	3732	8.4
建筑业	3918	4209	7.4
批发和零售业	3048	3263	7.0
交通运输、仓储和邮政业	4048	4345	7.3
住宿和餐饮业	3019	3148	4.3
居民服务、修理和其他服务业	3022	3202	6.0

另外，外出务工农民工与本地农民工相比，外出务工农民工月均收入增速略快于本地农民工。2018 年，外出务工农民工月均收入 4107 元，比 2017 年增加 302 元，增长 7.9%；本地务工农民工月均收入 3340 元，比 2017 年增加 167 元，增长 5.3%。外出务工农民工月均收入比本地务工农民工多 767 元，增速比本地务工农民工高 2.6 个百分点。

1.1.3 进城农民工居住状况

1.1.3.1 人均居住面积继续提高

2018 年，进城农民工人均居住面积 20.2 平方米，比 2017 年增加 0.4 平方米；人均居住面积在 5 平方米及以下的农民工占 4.4%，比 2017 年下降了 0.2 个百分点。从不同规模城市来看，进城农民工人均居住面积均有提高。其中，500 万人口以上城市中，人均居住面积 15.9 平方米，比 2017 年增加 0.2 平方米；50 万人口以下城市中，人均居住面积 23.7 平方米，比 2017 年增加 0.4 平方米。如图 1-3 所示。

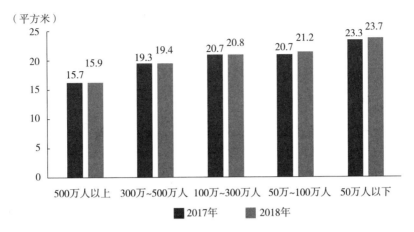

图1-3 2017年和2018年按城市类型分的进城农民工人均居住面积

1.1.3.2 享受保障性住房比例提高

2018年进城农民工购买住房的占19%，与2017年持平。其中，购买商品房的占17.4%，与2017年持平。租房居住的占61.3%，比2017年提高了0.3个百分点；单位或雇主提供住房的占12.9%，比2017年下降了0.4个百分点。

2018年进城农民工享受保障性住房的占2.9%，比2017年提高了0.2个百分点。其中，租赁公租房的占1.3%，比2017年提高了0.2个百分点；自购保障性住房的占1.6%，与2017年持平。

1.1.3.3 居住设施不断改善

2018年，进城农民工的住房中有洗澡设施的占82.1%，比2017年提高了1.9个百分点；使用净化处理自来水的占87.7%，比2017年提高了0.7个百分点；独用厕所的占71.9%，比2017年提高了0.5个百分点；能上网的占92.1%，比2017年提高了2.5个百分点；拥有电冰箱、洗衣机、汽车（包括经营用车）的比重分别为63.7%、63.0%和24.8%，分别比2017年提高3.6个、4.6个和3.5个百分点。

1.1.4 进城农民工随迁儿童的教育情况

1.1.4.1 3~5岁随迁儿童的入园率提高

2018年，3~5岁随迁儿童的入园率（含学前班）为83.5%，比2017年提高了0.2个百分点。其中，公办幼儿园为26%，比2017年下降了0.7

个百分点；普惠性民办幼儿园为 35.2%，比 2017 年提高了 1.4 个百分点。从不同规模城市来看，入读公办和普惠性民办幼儿园的比例相差不大。500 万人口以上城市中 3~5 岁随迁儿童有 63.3% 入读公办和普惠性民办幼儿园，50 万人口以下城市中的比例为 61.8%。

1.1.4.2　义务教育阶段随迁儿童在政府支持的民办学校就读比例提高

2018 年，义务教育阶段随迁儿童在校率为 98.9%，比 2017 年提高了 0.2 个百分点。从就读的学校类型看，小学阶段随迁儿童 82.2% 在公办学校就读，与 2017 年持平；11.6% 在政府支持的民办学校就读，比 2017 年提高了 0.8 个百分点。初中阶段随迁儿童 84.1% 在公办学校就读，比 2017 年下降了 1.8 个百分点；10% 在政府支持的民办学校就读，比 2017 年提高了 0.3 个百分点。

1.1.4.3　本地升学入园难、费用高问题仍需关注

2018 年，进城农民工家长对随迁儿童教育的评价中，表示非常满意和比较满意的占 75.3%，比 2017 年提高了 2.6 个百分点；对所在学校师资的评价中，认为非常好和比较好的占 78.7%，比 2017 年提高了 1.5 个百分点。50.8% 的农民工家长反映在城市上学面临一些问题，比 2017 年下降了 2.7 个百分点。本地升学（入园）难、费用高依然是进城农民工家长反映最多的两个问题。对于义务教育阶段随迁儿童，家长持此观点的分别是 26.7% 和 27.2%；对于 3~5 岁随迁儿童，家长持此观点的分别是 38.7% 和 51.4%。

1.1.5　进城农民工的社会融合情况

1.1.5.1　进城农民工城镇归属感较为稳定

在进城农民工中，38% 认为自己是所在居住城镇的"本地人"，与 2017 年持平。其中，已定居农民工比例为 79.2%，对居住城镇高度认同。城市规模越大，农民工的归属感越低。在 500 万人口以上大城市中，该比例仅为 16.8%，比 2017 年下降了 1.9 个百分点。从对所在城镇的适应情况看，19.6% 表示自己非常适应，61.5% 表示比较适应。其中，已定居农民工中，该比例分别是 34.8% 和 57.8%。

1.1.5.2　进城农民工组织化程度进一步提高

在进城农民工中，26.5% 参加过所在社区组织的活动，比 2017 年提高 0.9 个百分点，其中，3.5% 表示经常参加，23.0% 表示偶尔参加。15.3% 参加过人大代表选举，比 2017 年提高了 1.1 个百分点。加入工会组织的进城农民工占已就业进城农民工的比重为 9.8%。在已加入工会的农民工中，经常参加工会活动的占 26.0%，比 2017 年提高了 2.8 个百分点；偶尔参加

的占 56.3%，比 2017 年下降了 1.2 个百分点。

因此，农民工现在处于一个比较稳定的状态；从变动角度看，虽有市民化的趋势，但回流现象也比较明显。那么，为什么会出现这种情况？可能的解释是，第二代后的农民工（新农民工）更趋向于市民化，而第一代农民工有回流意愿。

1.2　农民工市民化

1.2.1　农民工市民化的内涵

一般的理解，农民工市民化，一是指农村居民在城市从身份上获得与城市居民相同的合法身份，以及获得流入所在地城市户籍和社会权利；二是从生活方式、行为习惯、价值观念、社会地位等诸多方面向城市市民转化。因此，农民工市民化既是一个过程，也是一种结果。具体来讲，农民或农民工市民化包括以下几个方面：①农民工市民化是一个逐步实现的过程；②农民工市民化是身份的转变；③农民工市民化是职业的转变；④农民工在城市要获得相应的社会权利并最终享有与城市居民相同的权利和义务，享受与城市居民同等的公共服务；⑤农民工自身的生活方式、行为习惯和思想意识转变；⑥提高自身的城市适应能力。实现农民工的市民化是现代社会人口结构变迁的必然结果，对我国社会经济发展有重大影响，不仅有利于推动农村的现代化进程，更有利于促进土地流转和增加农民工收入。

另外，在农民工市民化的推进过程中面临着各个方面的阻碍，因此构建科学有效的乡村振兴战略背景下农民工市民化政策体系，是部署乡村振兴各个要素有效聚集、流动，推进乡村振兴战略实施的重要基础，既有利于科学有效地开展乡村振兴，又有利于农民工市民化的推进。

在乡村振兴背景下，处理好农民工市民化与回流问题，根本的思路是既要发挥市场的决定作用（农民工的自由选择），又要更好地发挥政府作用（创造条件）。

1.2.2 影响农民工市民化的核心因素：成本

根据国家统计局发布的《2018 年农民工监测调查报告》，2018 年农民工总量为 28836 万人。当前我国农民工市民化的效果并没有达到国家的政策目标，即人口市民化和空间城市化存在显著差距，据《国家新型城镇化规划（2014—2020 年)》数据，用城镇户籍人口与城镇居住人口各占全国总人口的百分比来衡量，这一差距在 10 个点以上。近年来，为了破解这一现象，学术界对农民工市民化的一个主要问题即成本问题展开了广泛研究，对农民工市民化成本的概念形成了较为一致的认识。总之，农民工市民化成本是指农民工从开始进入城市到最终实现市民化过程中为享有与城镇居民相同的就业、住房、子女教育、养老、保险、医疗保险以及各种公共服务待遇和权利所必须支付代价的总和。但是，在农民工市民化成本的内容、测算和分摊机制等问题上并没有达成共识，且存在研究成果与现实需求脱节的现象，而这些问题是影响农民工市民化的基础问题。

1.2.2.1 农民工市民化成本的内容

从现有的文献看，关于农民工市民化成本内容的研究主要包括以下三个方面：一是基于成本结构将农民工市民化成本分为个人成本和公共成本。早期研究者普遍认为，农民工市民化的成本就是指其社会成本，分为私人发展成本与公共发展成本，或者个人生活成本和公共服务成本。如张国胜（2009）认为，私人发展成本包括私人生活成本、智力成本、住房成本与社会保障成本；公共发展成本是指农民工在市民化过程中，为保障城镇健康协调发展所必需的城市内的基础设施、生态环境与公共管理等基本功能要素的投资成本。其后，很多学者对这两部分成本的内容进行了重新划分。康涌泉（2014）认为，农民工市民化的私人成本主要包括农民工在城市的衣、食、住、行、通信等方面的日常生活、医疗、职业培训、子女教育的成本以及因进城务工所放弃在农村原有的农业收入和政府对农业的补贴收入而形成的机会成本和其他成本；公共成本主要包括城市基础设施建设成本、满足农民工市民化后就业所需的城市投资建设成本以及基本的社会保障成本。

二是基于成本承担者的角度将农民工市民化成本划分为个人成本、企业成本和政府成本，并突出指费用的增加。个人成本包括迁移成本、生活成本、适应城市生活的融入成本和失业风险成本；企业成本包括企业为该企业所在农民工支付与城市市民相同的薪酬引起的费用增加，如工资、福利、奖金的增加；政府成本包括由中央和地方政府承担的公共服务成本、社会保障成本、住房成本和就业成本。杜海峰等（2015）创新性地将私人成本分为显性成本和隐性成本，其中显性成本包括生活成本、智力成本、住房成本、社会保障成本、放弃土地机会成本；隐性成本包括社会交往成本、子女教育机会成本、失业风险成本。此外，企业成本除了社会保障成本和培训成本外还包括工资歧视成本，即农民工市民化后由企业补齐因歧视而少发的那部分工资。

三是基于其他学科视角对农民工市民化成本的划分。周春山、杨高（2015）将马斯洛的需求层次理论引入农民工市民化成本研究，很好地将成本的层次性和阶段性、一次性（即期）和长期性（总和）有机地结合起来。滕丽娟（2011）从政治学的视角分析指出，农民工特别是新生代农民工拥有的关系型社会资本质量不高，认为起根本作用的制度型社会资本不断成长但不够成熟制约着农民工市民化的进程。

总而言之，一方面，虽然当前对农民工市民化成本的内容达成了基本共识，但是由于研究视角不同对成本的划分及内容依旧没有形成统一的标准。此外，由于农民工市民化具有长期性，在市民化过程中发生的很多成本并不是在短期内就能发生的，因此大部分研究并没有区分出远期成本和近期成本，或一次性成本和持续性成本。另一方面，当前研究大多划分出了农民工市民化的显性成本，但是对来自社会、心理、文化等方面容易制约农民工市民化从而给农民工带来非经济成本的研究则涉及很少。

1.2.2.2　农民工市民化成本的测算

虽然农民工市民化的成本测算过程比较复杂，但是对建立农民工市民化成本的解决机制具有十分重要的现实意义，应当予以重视。目前，学术界对于农民工市民化成本的测算有两个显著特点：一是大多研究都是采用了构建成本模型公式并分类加总的方法，二是主要讨论政府承担（支出）成本。

（1）政府支出的公共成本视角。很多研究关注的重心在于政府需要承担多少农民工市民化的成本，从而判断我国财政是否能负担得起这部分支出，因此他们重点测算了公共成本。国务院发展研究中心课题组（2011）分别对义务教育、居民合作医疗保险、基本养老保险、民政部门的其他社会保障、城市管理费用和住房六个方面进行测算，并按 2010 年不变价格计算出公共成本约为 8 万元/人。除去养老保险的远期支出后，即期平均成本为 4.6 万元/人。如果再将年度支付的日常费用分解，一次支付平均最多为 2.4 万元，年度支付约为 560 元。因此，课题组认为，农民工市民化的成本并非不可承受，关键在于政府的行动能力。申兵（2012）分别对宁波"十二五"期间以教育、公共卫生、就业扶持、社会保障及住房条件改善服务为支出的政府支出进行计算，合计得到"十二五"时期的五年人均需要政府补助为13507.4~25507.4元。丁萌萌、徐滇庆（2014）认为，户籍改革成本即农民工市民化公共服务成本，并测算出2011年当期政府所需支付的人均公共成本为4024.77元，且一次性解决已进城农民工户籍需要支付的政府成本为6408.97亿元。此外，他采用VAR和最小二乘估计模型分析出市民化公共成本不会显著地带来财政负担，政府有能力承担这部分成本。陆成林（2014）认为，农民工市民化成本具有一定的弹性且不会有一个确定的数值，在考量基本公共服务供给的基础上将成本分为下限成本和上限成本，并计算出辽宁省农民工市民化的年人均成本为24926.3~74702.8元。另外，杜海峰等（2015）借鉴了成本会计学中的产品成本计算分类法与平行结转分步法，将各成本项按层次性与包含关系划分为不同层级的账户，最后逐级归集、汇总、均分得到农民工市民化的年人均总成本为6.314万元，政府承担的公共成本为年人均0.83万元。

（2）政府承担的社会成本视角。许多研究综合考虑到人口代际交替因素和不同地区的经济情况，分别对不同地区的第一代农民工和第二代农民工市民化成本进行测算。张国胜（2009）计算出东部沿海地区第一代农民工与第二代农民工市民化的人均成本分别约为10万元与9万元，内陆地区的第一代农民工与第二代农民工市民化的人均成本分别约为6万元与5万元。张继良、马洪福（2015）则从人均社会保障成本、生活成本、子女义务教育成本、住房成本四个方面考虑个人、企业和政府各自缴付的金额并进行加总，并以2011年的价格水平作为基期最终计算出江苏省农民工一次性转化为市民化人均总成本为12.3万元/人，剔除没有意愿留在城市的农民工，得到江苏省第一代与第二代农民工市民化的人均总成本相差3.1万元/人。单菁菁（2015）对我国东、中、西部地区的农民工市民化成本进行了测算，得到农民工市民化人均公共成本是12.9万元，人均个人成本是10.1万元+1.8万元，进一步细分得到农民工市民化要在短期集中投入的公共成本约为2.6万元/年，长期投入的公共成本为2400元/年。可见，虽然以上三位学者从同一角度测算农民工市民化成本，但计算过程却存在差别。通过对比可以发现，张国胜和单菁菁直接分别对政府和个人所需支付的总金额进行了单独计算，而张继良则先分别计算出每个成本项目下的政府、个人和企业的支付金额，最后再分别加总得出政府成本、个人成本和企业成本。值得一提的是，张继良综合考虑了农民工市民化的意愿、价格水平、工资的变化、摩擦失业率及"新农合"等多方面的影响因素来计算江苏省农民工市民化一次性成功的所有成本。因而，就一次性成本的研究而言，张继良的计算结果可参考性更强。而单菁菁创新性地将农民工市民化短期支付成本和长期支付成本区别开来计算个人人均成本和公共成本，这是十分必要的，测算的结果也更科学、合理。

此外，有学者认为，需要细化分析不同城市间的农民工市民化成本的差异才能综合反映我国农民工市民化的情况。如杜宇（2013）将全国城市按一定的标准分为五类，并从每类中选出两个代表性城市计算并比较该城市中农民工市民化的社会成本。结果显示，农民工向一、二类城市转移市民化进程的社会成本总体偏高，西部省区的市民化成本偏低，大城市和沿海城市的市民化成本较高。因此，他认为农民工市民化将会呈现阶梯式的进展过程。

综上所述，由于我国农民工市民化在时间上具有长期性，在空间上呈现出多地域性，加之研究者对农民工市民化成本的研究角度不同，模型公式的指标选取、测算标准、数据来源都存在差异，从而导致农民工市民化成本测算结果呈现出多样化的特征，当前测算结果的研究主要存在以下四个方面的不足：

一是从测算的结果来看，大部分研究者只是对公共成本进行测算，而对单独测算企业成本或个人成本涉及很少，很少有学者对农民工市民化产生的非经济成本进行具体的量化衡量，因此测算结果并不能完全表示农民工成功市民化发生的成本。

二是从测算方法来看，大多数学者计算的是人均成本且采用分类加总法再计算出总成本。但是，在加总的过程中需要注意的是，有的项目人均成本指的是每年所需，而有的项目人均成本是指农民工市民化后直到生命终止所发生的成本支出，所以不能单纯地将这些项目相加。此外，由于农民工市民化具有长期性，在市民化过程中发生的很多成本并不是短期内就能发生的，如社会保障性成本属于长期成本，因此应该分别考虑短期成本和长期成本进行计算。

三是从测算的各项成本指标来看，当前的研究没有构建出统一的指标体系，可能使相关研究的实际价值大打折扣。如有的文献在计算总成本时没有考虑机会成本的影响，有的学者对社会保障成本或社会保障性住房成本进行测算时只计算了政府支付的部分而遗漏了个人承担的费用，等等。以上这些缺失都会使农民工市民化成本的测算结果出现很大的偏差。

四是从外部影响条件来看，很多研究者没有考虑人口结构及农民工愿意市民化的比例，有些项目成本的计算没有剔除不愿意留在城镇的农民工的影响，因而最终测算出来的农民工市民化的人均成本偏大。另外，很多研究者都是以当年的物价水平作为基准，在计算农民工市民化成本时并没有充分考虑到价格水平的变化。还有很多文献只是针对某一特定地区来研究农民工市民化成本，由于不同地区的经济发展水平存在差异，因此不同地区的测算结果也不相同，对某些地区农民工市民化成本的计算显然不能反映整体的情况。因此，在计算全国平均农民工市民化成本时，应当充分考虑这些因素，考虑不同地区的农民工市民化情况进行综合计算才能使计算结果误差更小。

1.2.2.3　农民工市民化成本的解决机制

农民工市民化成本分摊机制的科学设计即农民工市民化的成本到底由谁承担的问题是关系农民工最终是否选择市民化的决定性因素。现阶段，关于农民工市民化成本分摊机制的讨论和研究主要分为以下两种情况：

一是政府、企业、社会和个人共同的分摊机制。农民工市民化成本的金额庞大，要农民工个人承担市民化的全部成本是不切实际的。有的研究者认为，市民化成本既包括政府承担的公共成本，也包括社会、企业和个人承担相应的成本。如睢海霞、陈俊江（2015）认为，社会保障成本由政府、企业和个人共同承担，并且假设企业和政府承担相同的比例，测算出在成都市农民工市民化的人均总成本中，政府分摊56%，企业分摊21.63%，农民工分摊22.37%。然而，如果要充分解决农民工市民化成本的问题就必须构建一个涵盖中央政府、地方政府、企业、个人的多元主体分担机制。周春山、杨高（2015）也以同样的思路计算出了广东省农民工市民化的成本分摊情况，即政府、企业和农民工对于农民工市民化成本的分摊比例为46：22：32。

二是侧重政府承担的成本部分，即政府间的分摊机制。学者们普遍认为要建立中央政府与地方政府、地方各级政府、流入地和流出地政府之间的分摊机制。一般来说，中央政府重点解决跨省流动的农民工市民化成本，而地方政府重点解决省内流动的农民工市民化成本。中央政府承担农民工随迁子女的义务教育支出、相关社会保障补助支出，而地方政府则集中对保障性住房、城市基础设施建设、城市公共管理、就业培训等地方性公共事项进行支出。王志章、韩佳丽（2015）认为，流入地政府应该是农民工市民化成本的主要承担者。周春山、杨高（2015）认为，中央政府的成本是指跨区域基础设施建设成本、社会保险、教育医疗、住房保障等基本公共服务，并计算出广东省农民工中央政府和地方政府分担比为48：52。

冯俏彬（2014）和谢建社（2015）提出，要调整转移支付制度，促成地方政府在农民工市民化问题上的财力与事权相匹配，并且转移支付的结构要与农民工市民化相挂钩。在此基础上，俞雅乖（2014）进一步提出，省级政府要建立农民工市民化专项基金，通过转移支付的方式重点对省内跨市县迁移的农民工公共服务投入提供支持，而输入地政府要多承担农民工市民化成本，并且实施输入地与输出地建设用地指标平衡的协调配置机制。

首先，应该肯定的是分摊机制的存在确定了农民工市民化不再是农民工自己的事情，而是应当由整个社会共同分担。通过这种权责分担机制既减轻了农民工对市民化成本的承担压力，又进一步促进了农民工市民化的欲望和积极性，还可以解决农民工市民化短期集中投入的成本。但是，农民工市民化的最终目标是要农民工融入城市、长期并稳定地生活在城镇，目前的分摊机制并不能解决农民工市民化成本的长期问题。况且，很少有研究探讨不同成本承担主体具体的分摊比例，没有数据作为支撑就很难发现当前成本分摊机制存在的不合理的问题。其次，在研究公共成本在各级政府间的分摊问题时，很少有学者探讨农民工流入地政府和农民工流出地政府对公共成本的分摊。学者们只是简单地阐述可能存在经济条件相对低的流出地政府反而对经济发展水平高的流入地政府进行补贴的现象，而没有深入地探讨他们之间成本分配的关系。再次，很多研究也没有区分农民工跨省市民化和省内市民化，并且对我国中、东、西部地区政府对农民工市民化成本分摊的不均衡现象更没有提出更多操作性强的建议。最后，很多研究似乎将承担农民工市民化成本的责任过多地分摊给了政府和个人，而忽略了企业也应当作为成本分担的重要主体，造成企业分摊了较少的成本比例。

1.2.3　科学确定农民工市民化的成本

通过以上分析可知，农民工市民化的成本问题在理论上还需要进一步研究，特别是对一些规范性的内容（如成本包含的内容、成本测算方法和数量、成本分摊问题等）需要明确界定并形成统一认识。理论是行动的指南，如没有形成统一规范的农民工市民化成本理论框架，就无法制定科学合理的农民工市民化的成本解决机制。因此，关于农民工市民化成本的有效化解，应当从以下三个方面进一步探讨和研究。

首先，今后的研究应当跳出经济学的框架，结合多学科、多视角，系统地研究农民工市民化成本的相关问题。既要重视将隐性成本、机会成本等非经济因素纳入农民工市民化成本体系中，又要将中国传统文化及其所形成的"根"观念纳入成本的范畴。农民工市民化中的住房、社会保障、子女教育、生活等成本是显而易见的，也引起了学者和政策制定者足够的重视。除了经济因素的影响外，还有一股强大的、无形的力量影响着农民工市民化行为的决策，这就是中国人特有的对"家"的情怀和对"根"的认同感。这种强烈的"观念"意识不仅是中华文化的特色和魅力，而且在市场经济条件下成为增强农民工安全感的重要因素（精神慰藉）。这也可以理解为农民工市民化的"损失"，或曰机会成本。从本质上讲，这是传统观念与现代性在农民工身上的直接碰撞。现代性是作为个体人发展的必然趋势，作为参与现代化进程的农民工必然有着对现代性的追求。因此，如何将作为基因式（思"家"重"根"）的传统观念纳入现代性的发展中是破解制约农民工市民化的一个不可忽视的因素。其中，对农民工再教育、再培训是有效的手段。关于教育特别是大中专以上和职业教育，在个体人的现代性意识培养方面有着不可替代的作用，是促进农村人口市民化的最有效途径。此外，农民土地财产权利实现制度的不完善也在相当程度上影响着农民工市民化的意愿。虽然从农村土地制度的内容上看，保障农民工土地权益是明确的，但仍未形成切实有保障的制度和机制，如有的地方多年前就实践的"土地换社保"的农民市民化政策，其效果并不尽如人意。关于此方面内容，将会在第3章详细分析。可见，在农民工市民化过程中，土地制度变迁成本也是不应忽视的一种成本。

其次，针对成本测算标准不规范、测算结果差异大的问题，今后的研究应侧重对农民工市民化成本进行科学、有效、规范的划分。总体上讲，可以将农民工市民化成本分为五个维度：一是个人成本和公共成本；二是远期成本（项目）和短期（投入）成本；三是经济成本和非经济成本；四是显性成本和隐性成本；五是会计成本和机会成本。其中，对远期和短期两种成本应分开进行加总计算，在计算成本时要考虑价格水平的变化，在计算农民工市民化完成的总成本时需要对远期成本进行贴现。当然，这五个维度不是完全分开的，也存在交叉，例如，可以将非经济因素造成的隐性成本、机会成本考虑到个人成本中。这样的划分有助于我们理解农民工市民化成本的内涵以及对承担主体的界定。其实，一些非经济因素（如心理、观念等）在某些时候往往比经济因素会产生更大的影响，如何度量这部分成本并将其进行适当的量化值得我们进行深入探讨。我们认为，由心理、观念等所导致的成本可以理解为"意愿"成本。至于"意愿"信息的获取方式，目前研究者常用的是调查统计法。而"意愿"价值的评估，可将调查取得的数据尝试引入 CVM 价值评估模型中，并对这部分非经济成本进行定量估计。从对应的角度看，"意愿"的评估价值可以理解为农民工市民化的一种非经济的隐性成本，也是一种间接成本，属于促进农民工"发展"的成本，应该由不同级政府共同提供公共产品（职业教育和培训等）的方式给予解决。

最后，研究不能止步于对农民工市民化成本的分摊机制的构建，还应该进一步研究如何构建农民工市民化成本的筹资机制即长效机制。

一方面，进一步完善农民工市民化的成本分摊机制。通过顶层的制度安排，明确界定农民工市民化成本的承担主体及责任界限。从当前情况看，由中央政府、省级地方政府、农民工输入地市政府、农民工就业企业（甚至包括公益性社会组织）和农民工本人共同解决承担农民工市民化的成本是合适的。①中央政府承担农民工市民化基础性的社会保障职责。②通过财税体制改革，使地方政府具有更充分的财权并借以承担农民工市民化更多层面的成本。一是提供地方化的社会保障；二是提供如教育（基础和职业两类）、医疗、住房保障等地方化的公共产品；三是在市级政府相关部门下（人力资源和社会保障部）设立"农民工市民化服务中心"，这一中心专门负责协调农民工市民化过程中的问题。③通过制度安排，确定农民工就业单位承担类似于在职城镇居民享有的相关保障（如住房公积金、社会保障、职业年金等）。④农民工作为直接的受益体，承担一定的但不包括维持基本生活费用的市民化成本，体现公平和效率的原则。农民工自身承担的成本也是一个比较复杂的问题，总体上应坚持公平、自愿、市场化及可承担、可接受的原则，其承担的成本或其他主体承担的成本应该与城镇居民享有的相关保障基本一致。

另一方面，应当创新农民工市民化的筹资机制。分摊机制主要起"输血"作用，由于市民化成本是一个长期的支付过程，因此，构建筹资机制是更好的应对措施，能起到"造血"功能。①在有比较稳定工作的农民工中试点建立农民工市民化成本筹资机制。一方面，可以更好地减轻农民工市民化一次性投入成本过大的问题，形成解决成本的长效机制，减轻政府财政压力及农民工的压力；另一方面，可以促使企业积极分摊成本并且能合理引导企业承担社会责任。②深入探讨农民工土地权益实现与农民工市民化的联动机制，通过激活农民土地财产权利推动农民工市民化。③深化财税体制改革，建立财、事、权相一致的新财税体制，提升地方政府事权能力，进而有效地促进农民工市民化。

1.3 农民工的回流

1.3.1 回流农民工的含义与回流过程

"回流农民工"亦称"返乡农民工"，或称"回流返乡农民工"，何谓"返乡农民工"？吉麦尔赫（Gmelch）认为，曾经迁移外出的人口返回家乡并定居下来称为"回流"。而那些短暂返乡，没有定居意愿，目的只为进行探亲或度假等活动的人口不能称为回流人口，因为对于短暂返乡的群体来说，返乡可能只是一种过渡性的行为选择。他们可能通过比较返乡和外出务工的收入差距从而选择再次迁移；也可能为了结婚、生育、照顾老人等阶段性目标而选择回流，当有合适的机会时，会选择再次外出，这类人群不能算作"回流"，应该归属于"循环迁移"。国内学者对回流返乡的农民工的概念做了两方面界定：①"回流"不仅是指劳动力从城市回到农村，还应该扩展到劳动力从原工作城市回到家乡或户籍所在城市就业的范畴。②"回流"是指外出务工返回县城以内的家乡所在地继续务农，参与就业或者创业达到半年以上，或者回乡以后，相当长时间内不再外出打工的劳动力迁移现象。本书在上述界定的基础上进一步明确两点：第一，农民工回流的时间超过一年，并且不愿再外出打工；第二，农民工回流的地点不是当地城镇，而是流出地的乡村，并且长期工作或生活在本村或者相邻村镇。对返乡农民的定义作这样的补充界定，意为更准确地体现了为乡村振兴服务的准确性和时代性。

农民工回流现象始于 20 世纪 90 年代中期，那时的农民工回流主要是由于国有体制改革，许多企业希望通过减员增效来达到利润最大化，从而使相当部分没有特长、未掌握先进技术的农民工被迫回乡，真正引起国家和社会关注的农民工回流问题则始于 2008 年。当时，受国际金融风暴（危机）的影响，我国外需市场明显减弱，出口依赖程度较高的东部地区部分企业经营面临极大困难，不少企业为求生存，在现有的员工中择优选用，造成大量只有简单工作技能的农民工被迫返乡。从当时的情形看，农民工回流产生了比较尖锐的问题：一是他们的收入和生活水平下降迅速；二是回流地的就业压力加重并由此产生了大量的农村剩余劳动力，使农业资源面临巨大的人口与环境双重压力。总之，金融危机引发的我国大量农民工回流现象造成了不小的社会恐慌，因此被学术界赋予了比较多的负面解读。而在乡村振兴战略背景下，农民工回流对乡村振兴战略实施赋予了全新的意义，必将成为推动乡村振兴战略的重要力量。

1.3.2　农民工回流的影响与现状

客观来说，2008 年时大量的农民工从东部地区回流返乡，社会总体上（包括农民工本人）认为这是一种被迫式的回流。随着时间的推移，特别是新型城镇化建设战略提出后，回流农民工对回流地经济社会发展的积极作用越来越被社会所认同。当前，对农民工回流现象及其产生的影响进行客观分析，有助于化解农民工回流可能产生的矛盾。

1.3.2.1　农民工回流对乡村振兴的影响

（1）积极影响。农民工在外打工，吸纳了丰富的社会经验和技能，其扩大的视野，增长的资金、技术、信息以及积累的社会资源，为回乡创业提供了良好基础。农民工回乡创业不仅带来了信息、资金、项目、技术、人才和市场，也给农村注入了新的活力和全新视野。回流农民工在创业期间不断引导当地群众转变生活方式和思想观念，提高了农村整体的文化素质，并有力推动了当地社会经济发展进程。另外，不少农民工回乡后已然向政治管理者方向蜕变，这些农民工在城市务工时就已经是农民工精英，回乡后有更大的发展前景，他们对村委会选举的更替、村级权力的运作以及村内公共事务的管理有着重大影响。

随着我国经济转型，东部沿海城市中需要大量劳动力的密集型企业不断减少。此时，人口流动不再是以城乡迁移为主，而是以由主城区向郊区小城镇迁移为主，或者是以由生活高成本城区向生活成本相对低城区迁移为主，这样就为小城镇的发展提供了人力资源和其他经济要素基础。中部地区相对于我国东部省份来说，城市化程度相对较低，经济尚欠发达，大量劳动力的回流给当地经济发展注入了新的活力，这不仅能吸引劳动力密集企业入驻，而且能推动大中小城市间协调发展，从而推动新型城镇化建设。

（2）消极影响。首先，农民工回流不仅延缓了劳动力输出地的城市化进程，而且有一部分农民工回乡后很难找到工作，对社会稳定产生不利影响。其次，农民工回流后使农村重现人多地少的状况，加大了人与土地间的矛盾，严重影响农村经济发展和农业现代化进程。最后，农民工返乡务农后，与城市薪酬相比，务农收入低打击了回流农民工的生产积极性；农村资源匮乏，交通也不便利，与城市生活形成鲜明对比，农民工返乡后可能在心理上产生适应性障碍。

1.3.2.2 农民工回流现状——中部地区的数据

国家统计局《2016 年农民工监测调查报告》显示：与 2015 年相比，2016 年中部地区农民工流动呈现如下特点：

一是在中部地区务工的农民工比例提高。从输入地看，在中部地区务工农民工 5746 万人，比 2015 年增加 147 万人，增长 2.6%，占农民工总量的 20.5%，比 2015 年提高 0.4 个百分点；在东部地区务工农民工 15960 万人，比 2015 年减少 48 万人，下降 0.3%，占农民工总量的 56.7%，比 2015 年下降 0.5 个百分点；在西部地区务工农民工 5484 万人，比 2015 年增加 275 万人，增长 5.3%，占农民工总量的 19.5%。从输出地看，东部地区农民工 10400 万人，比 2015 年增加 100 万人，增长 1%，占农民工总量的 36.9%；中部地区农民工 9279 万人，比 2015 年增加 105 万人，增长 1.1%，占农民工总量的 32.9%；西部地区农民工 7563 万人，比 2015 年增加 185 万人，增长 2.5%，占农民工总量的 26.9%。

二是中部地区跨省流动农民工减少、就地就业增加。2011～2016 年，外出农民工增速呈逐年回落趋势，增速分别为 3.4%、3%、1.7%、1.3%、0.4%和 0.3%。外出农民工占农民工总量的比重也由 2011 年的 62.8%逐渐下降到 2016 年的 60.1%。在外出农民工中，跨省流动农民工 7666 万人，比 2015 年减少 79 万人，下降 1%，占外出农民工的 45.3%，比 2015 年下降 0.6 个百分点。分区域看，东部地区跨省流动的农民工占 17.8%，比 2015 年提高 0.4 个百分点；中部地区跨省流动的农民工占 62%，比 2015 年下降 0.5 个百分点；西部地区跨省流动的农民工占 52.2%，比 2015 年下降 1.3 个百分点；东北地区跨省流动的农民工占 22.9%，比 2015 年下降 2.3 个百分点。从最终流入地看，流入地级以上城市的农民工比重仍继续上升。2015 年，跨省流动农民工 80%流入地级以上大中城市，比 2015 年提高 3 个百分点；省内流动农民工 54.6%流入地级以上大中城市，提高 0.7 个百分点。

三是回流农民工多数没有技能，只能从事低端产业，而高素质人群则更倾向于留在东部地区。在新型城镇化背景下，尽管中部地区面临着大量的劳动力缺口，可是农民工回流后，就业仍多处在批发、零售业等低端的第三产业且所占比例逐年上升，2016 年比 2015 年增加了 0.4 个百分点。

国家统计局《2018 年农民工监测调查报告》显示：2018 年农民工变

动与 2016 年相比，保持了一个稳定的变化趋势。

2018 年农民工总量为 28836 万人，比 2017 年增加 184 万人，增长 0.6%。农民工增量比 2017 年减少 297 万人，总量增速明显比 2017 年回落 1.1 个百分点。在农民工总量中，在乡内就地就近就业的本地农民工 11570 万人，比 2017 年增加 103 万人，增长 0.9%；到乡外就业的外出农民工 17266 万人，比 2017 年增加 81 万人，增长 0.5%。在外出农民工中，进城农民工 13506 万人，比 2017 年减少 204 万人，下降 1.5%。在外出农民工中，到省外就业的农民工 7594 万人，比 2017 年减少 81 万人，下降 1.1%；在省内就业的农民工 9672 万人，比 2017 年增加 162 万人，增长 1.7%。省内就业农民工占外出农民工的 56%，所占比重比 2017 年提高 0.7 个百分点。

1.3.3　农民工回流的原因

由以上分析可知，农民工从东部地区回流返乡已成趋势。究其原因，笔者认为，以下几方面的因素对中部地区外出务工的农民工选择返乡就业或创业的影响十分明显。

1.3.3.1　基础因素：就业状态

首先，省内、外务工收入差距减少是促使农民工回流的重要因素。随着东部地区产业升级不断深入，部分企业为求生存被迫将生产工厂向中西部尤其是向中部地区转移，在主动承接产业转移的趋势下，借助国家经济发展的势态，中部地区基础设施建设也越发完善，吸引了大量东部发达企业迁入。近年来，中部地区经济发展迅速，工资水平也相应提高，并逐步趋近于东部地区农民工工资水平。国家统计局数据显示，2015 年江西省省内从业农民工月均收入为 2761 元，省外从业农民工月均收入为 2966 元，两者差距并不明显。

其次，东部产业转移为中部地区回流农民工提供了更多的就业岗位和职业发展机会。一方面，回流的农民工可以获得更多更稳定的就业岗位和就业机会。伴随东部地区劳动密集型产业转移至中（西）部，制造、能源、公路铁路交通等方面发展迅速，这些劳动力密集产业提升了该地区基础劳动力吸纳能力，为本地农民提供了更多更稳定的就业机会。另一方面，在本地务工的优势能给农民工带来更多的职业发展机会。农民工职业发展一直被人们所忽略，似乎农民工的职业选择要么是当一辈子普通工人，要么积累到一定的资金后自主创业。但由于时代改变，新生代农民工不再满足于求得一份稳定且赚钱养家的工作，而是希望在流动和迁移过程中寻找更好的职业发展机会。目前，中部地区正处于承接东部产业转移的最佳时期，大量新的企业刚刚建成，一些拥有一定工作技能经验和本土优势的农民工便成为了这些企业的抢手货，在这里他们能够获得更多的职业发展机会。

1.3.3.2 核心因素：生活成本高、社会保障缺失

调查数据显示，外出农民工作出回流决策最重要的因素取决于对省外务工地所在城市生活成本的考虑，占影响因素的50.85%。国家统计局数据显示，虽然农民工在东部地区务工收入高于西部、中部地区，但是由于东部地区的生活开支比较大，在扣除生活成本后，东部地区务工农民工收入反而是最少的。中部地区农民工在本地务工比在东部地区务工收入多得64元（西部90元）。随着产业转型，许多东部地区产业转移到中部（或西部），这样转入地的就业机会增加，因而农民工就会倾向于离开生活成本较高的务工地而选择回本地就近择业。

省外定居困难在一定程度上也促使农民工回流。在中国人的传统观念中，没有稳定住所，也就没有稳定的家庭生活。江西调查总队发布的《2015年江西农村劳动力转移就业和农民工监测报告》显示，全省农村在外从业劳动力达762.5万人，这个群体在务工地购房较困难，1000人中仅约有7人能购房。居无定所的农民工相对于务工地居民犹如毫无根基的浮萍，只是流动人口，不能成为城市的一员。调查显示，外出农民工由单位提供宿舍的占38.1%，在工地场所居住的占9.1%，独自租房的占16.5%，与他人合租的占25.9%，还有在城镇外务工但每天回家的占7.3%，而仅有0.7%的外出农民工有能力在从业城市自购房。不少农民工认为与其在发达地区城市过贫困化的生活，不如在家乡过着相对富实的生活。周建华等的研究显示，有15.74%的农民工愿意居住在规模较大的省会城市，55.89%的农民工选择在中小城市，16.45%则想回家乡附近城镇居住，去其他城市的有11.92%。从中可以看出，农民工定居的首要选择为中小城市。

在省外务工落户困难、社会保障缺失导致农民工融入当地环境成本增加，也是导致农民工回流的重要因素。一般看来，解决了城市户籍问题，即可认为农民工在务工城市成功定居，融入城市生活，这是成为迁移地市民的首要条件。而现实中农民工在务工地落户困难，子女无法接受更好的教育，也不能享受城市医疗、保险、住房等保障性福利。

1.3.3.3　其他因素：家庭、子女、老人

家庭问题是农民工进行回流决策考虑的重要因素。家庭影响对于农民工回流来说是方方面面的。家里有学龄子女，有些没有省外户口的父母无法让孩子去省外就学，即便能就学，但是大人需要上班而没有时间照顾孩子，因此许多父母担心孩子的成长健康就会选择回流到家乡就近从业。留守儿童一直是社会关注的话题，近年来发生的一系列"留守儿童"事件，让人们对留守儿童的心理进行了深入剖析。据统计，60%以上的留守儿童是由祖父母隔代监护，文化素质较低的高龄监护人基本上没有监督和辅导孩子学习的能力。研究显示：留守儿童的学习成绩及初、高中的在学率均低于正常家庭儿童，种种条件制约了留守儿童的个人心理成长与素质培养。为兼顾孩子的身心健康成长，更多农民工愿意牺牲一点现有的收入来换取孩子更美好和光明的未来。留守老人的问题也日益突出。经济收入低、生活质量差、生活缺少照料、安全隐患多、对隔代教育造成心理负担重，缺少精神慰藉的留守老人生活越发困难，城市高昂的生活成本与老人对陌生环境的不适应，迫使农民工选择回乡就业以方便照顾老人。

1.3.4　创造条件吸引农民工回流

从有利于促进新型城镇化建设视角分析，政策导向应该体现如下思想：一是要能有效化解因"推"（被动式回流）产生的农民工回流的矛盾；二是要适应新型城镇化建设的需要，创新制度有序引导"拉"农民工回流。因此，制定合理的政策，充分发挥政策的导向作用，使农民工愿意回流返乡并能留住他们是今后中部地区新型城镇化建设的重要内容。

1.3.4.1　完善公共产品或公共服务为回流农民工提供基本生存生活保障

扎实有效解决回流返乡农民工基本的生存和生活问题是缓解回流农民工矛盾、推动人口城镇化的首要工作。为此，做好以下几个方面的工作至关重要：一是要扎实推进农村土地承包权或使用权的市场化流转工作，充分保障农民土地的各项权利特别是土地的财产权利。二是完善对农民（农民工）公共产品的有效供给。完善农民基本的养老和医疗保障体系，加大对农民居住社区的公共基础设施的投入，改善社区公共服务，尤其是改善社区基本医疗卫生条件和服务，逐步形成各种设施配套完备、功能齐全、管理规范的服务体系。政府、学校、家庭、社会应齐心协力，分别采取政府健全留守儿童管理体制机制、加强留守儿童教育管理、落实留守儿童家

庭教育责任、发动社会力量广泛关注留守儿童等措施，预防留守儿童情感缺失。

1.3.4.2　构建服务于回流农民工就业创业的政策体系

（1）有效解决回流农民工的就业问题。发展是硬道理，促进地区经济发展是解决回流农民工就业的基本途径；反过来，充分的就业又进一步推动经济发展。在此基础上，还应在促进回流农民工就业时做好如下服务性工作：

一是提升就业服务水平。着力推进人力资源市场建设，完善人力资源服务体系。建立统一的就业信息服务平台，这不仅有利于减少返乡人员的盲目流动，也能提高就业服务的质量和效率。加强公共就业服务体系建设，形成以市级为基础的市、县、乡、村四个梯度的就业服务网络。

二是发展职业培训。增加社会培训在农民工中的覆盖范围，加强农民工就业指导服务。要着实减少农民工接受培训的负担，以提高农民工参加就业培训的积极性。工业园区要对接地方大中专院校特别是职业院校，建立并实现招聘、培训、就业"三位一体"的模式，以提高回流返乡农民工的就业率。

三是加大农民工的维权服务力度。加大宣传力度，增强农民工依法维权意识，提高农民工对劳动保障政策、法律、法规的知晓率，引导农民工依法合理维权；加大巡查力度，减少损害农民工利益行为的发生，加大对用工方的监管力度，切实维护农民工权益；发挥基层政府相关职能部门的作用，建立联合办公机制，各社区、综治办、劳动保障等部门加强协作，全力保障农民工权益。

四是对在工业园区就业的农民工，不仅要按期缴纳医疗保险、养老保险、工伤保险、失业保险等，建立长期社会保障制度，而且还可按一定的比例给予社会保险补贴。相关研究表明，农民工家乡如果建立了长期的保障制度，对农民工的回流意愿具有显著的正向影响。

（2）创新制度、促进回流农民工创业。回流返乡的农民工在外地从业多年，与本地农民工相比至少有三方面的优势：一是资金优势，二是技术技能信息优势（资源优势），三是市场化观念突出。据国务院发展研究中心调查统计，回流农民工返乡创业的一个重要特点是朝着小集镇聚合的趋势，企业经营地点在小城镇的占31.5%，而同时在小城镇和村里的占35%，这与以产业为平台带动人口城镇化是一致的。

可见，合理规划和引导回流农民创业是新型城镇化的重要内容。一是要建立创业服务机制，为返乡创业农民工提供创业服务。要推行联合审批和"一站式"服务机制，开通创业绿色通道，降低审批门槛。二是要加强信息引导，强化公共服务，规范收费行为，为回流农民工创业创造良好的投资环境。三是要积极开展创业帮扶。以地级市为中心设立农民工创业孵化中心，降低准入条件，设立创业基金，合理建立农民工创业者与国有企业的联系，加强创业者与政府间的项目合作。四是要减免税费。对返乡创业农民工与个体经济户，提高纳税起征点，降低税率，按实际情况酌情减免商户经营应缴纳的税收。为此，政府政策要为回流农民工创业创造好的环境。

1.4　本章小结

　　本章研究了在乡村振兴与新型城市化战略背景下的农民工是市民化还是回流这一看似对立又难选择的问题。无论是乡村振兴战略还是新型城市化，其关键的因素还是人或人才的问题，农民工在两个战略中都具有十分重要的位置和巨大积极的作用。在中国特色社会主义市场经济条件下，如何化解这一矛盾，我们认为，最有效的办法仍是尊重市场规律，既要发挥市场在要素配置中的决定作用，又要更好地发挥政府作用，即政府主要制定符合市场规则的相关制度或政策并监督它们的运行。

第 2 章
农民现代性转型与回流农民工人力资本建设

实施乡村振兴战略，急需一大批有文化、懂技术、会管理、善经营、爱农村的实用型人才，乡村人才短缺将直接影响乡村振兴战略的实施（魏后凯，2018）。从主体性角度看，包括农民工在内的广大农民是乡村振兴战略的基础性力量和参与者，因此，培养适合乡村振兴战略实施的现代性农民是乡村振兴战略实施过程中的基础性工作。

2.1 乡村振兴战略背景下农民的现代性转型

我国包括农民工在内有将近 8 亿农民，这 8 亿农民是实施乡村振兴战略的主力军，就整体而言，农民的文化素质、技术能力和思想道德水平直接决定乡村振兴战略实施的成败。当前，以网络信息为核心的新技术革命是社会经济发展的根本特征，因此，在乡村振兴背景下，需要以新技术革命的科学伦理观促进农民的现代性转型。

2.1.1 网络新技术革命推动下的现代化进程与中国农民的现代性转型

当前的新技术革命是指以网络信息技术为主，包括生物工程、新能源、新材料、光导纤维、海洋开发、太空技术等新兴科学技术的研究、开发和推广应用。这是世界范围内正在经历的又一场技术革命。

1940 年世界上第一台电子计算机的问世，预示着一场新技术革命即将到来。在国际上，有人将新技术革命称为"新的产业革命"或"第三次浪潮"，它引起了当代社会产业结构、生产组织、劳动方式、生活方式、思维方式等诸多方面的重大变化。同样，新技术革命不断推动着我国农村现代化的进程，进而不断促使中国农民的现代性转型。农民的现代性转型即农民的现代化，本质上是指把农民从传统主义价值观下缺乏文化能力和民主意识及权利观念的工具性的传统人变为与现代社会价值观相适应的融理性、科学性、制度性于一体的现代人的过程，它至少包括生产方式的现代化、生活方式的现代化、价值观念的现代化三部分内容。新技术革命进程中，现代化的生产、管理与技术推动农民积极地从事创造性劳动，要求劳动者不是以体力和经验为基础，而是以智力和知识为基础，最终推动生产方式的现代化；新技术革命中现代化的交通工具、信息技术等扩大了农民的人际交往范围和视界，扩大了其精神劳动领域，促使其生活方式由传统走向现代；生产与生活方式的改变以及由于新技术革命所引起的制度变革必然改变农民的思维方式，提高其民主意识与智力水平，推动其道德进步，建立起与现代社会相适应的现代化的价值观念，使农民的思维、思想、心理等融入现代化的进程中。1980 年世界新技术革命到来后，尤其是2000 年后它与中国特色社会主义市场经济相结合，使农民的现代性获得了前所未有的发展。从历史的角度及中国的现实看，农民的现代性转型包括非农化、市民化及农民化（职业农民）三个不同层次的过程，农民化即新型农民的形成过程。

2.1.2　网络新技术革命的科学伦理观意蕴及对当代人的发展要求："全面发展的人"

当代新技术革命的发展，使人的体力劳动越来越被自然力和科技装置所代替，我们的时代正在发生从解放人的体力到开发人的智力的根本性转变。这一转变正极大地改变着社会生产力的整体结构，改变着劳动的条件、性质和内容，使劳动生产社会化的过程更加复杂化。同时它又影响当代社会生存的方方面面，如生产管理、人的教育、日常生活、文化、道德、心理以及人与自然的关系等。当代新技术革命的发展具有一种无所不含的性质，它在社会的全部物质生产和精神生产中都引发了重大变化。在当代新技术革命的条件下，人的社会责任变得比以往任何时候都突出和尖锐。人是什么样的？马克思曾经指出："这同他们的生产是一致的——既和他们生产什么一致，又和他们怎样生产一致，因而，个人是什么样的，这取决于他们进行生产的物质条件。"所以，在当代，人必须改变自身，才能适应新技术革命发展的需要。显然，上面的分析清晰地表明了"新技术革命—人—社会发展"之间的内在关系，体现了当代新技术革命的科学伦理思想。按照马克思主义经典作家尤其是马克思本人对科学伦理观的阐述，科学伦理观主要包括三个方面：

一是从科学与社会（人）的关系方面，马克思以"应是"与"是"的双重语境揭示了自然科学和工业史的伦理功能——在确证人的本质力量过程中的作用。

二是从自然科学与人文科学的关系方面，马克思论述了自然科学和工业的科学伦理价值——自然科学通过工业日益在实践上进入人的生活，改造人的生活，并为人的解放做准备，因而存在一样。由于科技作用的二重性，如今人的社会责任变得比以往任何时候都更突出了。人的社会责任的不断扩大、人类必须面向未来并对未来负责，这种深刻的历史性变化，集中到一点，就是要求社会培养和造就出一种新型的人。

那么，这种新型的人是一种什么样的人呢？这种人必须具有全新的智力结构、品德结构和审美结构，他们意志坚强、发展全面，能够独立地组织和管理自己的生产活动，深刻地意识到自己在当前这个迅速变化的世界上的地位和使命，自觉地使自己的活动服从社会共同的崇高的目的和理想，充分发挥自己的主动精神和创造才能。概括地说，这种人必须是一种具有高度的智慧、高尚的道德和健康的审美情操的新型的"全面发展的人"。

但这种新型的"全面发展的人"不能自发地产生。虽然科学技术有其自身的相对独立性，但绝不是一个抽象的孤立的领域，它们总是在具体的社会关系体系中发挥作用，它们对社会的进步和人本身的发展发生作用的性质和程度，总是要受到社会的经济关系、社会制度、阶级结构以及驾驭它们的社会意识形态的制约。正因为技术的发展始终依存特定的社会关系，存在着强烈的社会定向性，因此，它的社会功能的发挥，它对社会的进步和人本身的发展所起作用的性质和程度，也不可能是直接的、机械的，而必须通过各种社会因素的介入才能实现。实践证明，科学技术发展得越迅速，它的社会后果受社会的经济关系、社会制度和意识形态的制约就越强烈。因为科学技术越是飞速发展，这些问题就变得更加尖锐：科学技术所造成的巨大力量为谁服务？为什么目的服务？它们是被用来造福人类，还是危害人类？是为人类的普遍福利和进步服务，还是为一小部分人的私利服务？不同的经济关系、社会制度和价值观念体系，决定了这些问题会有不同的甚至完全对立的回答，因而也就必然造成不同的社会效应，进而造就出不同类型的人来。关于这一点，当代西方一些杰出的科学家通过自己的科学研究实践得出了某些清醒的结论。控制论的创始人 N. 维纳认为："技术的发展，对善和恶都带来无限的可能性……不能从市场的观点，从节省了多少钱的观点来看待这种新的可能性……出路只有一条：建立一个以不同于买卖关系的人的价值为基础的社会。"维纳的这个论断，实际上就接触到新技术革命"将成为人的科学的基础"和"真正人的生活的基础"。

三是阐述了科学活动的社会伦理本性。人是一个特殊的个体，并且正是他的特殊性使他成为一个个体，成为一个现实的、单个的社会存在物；同样他也是观念的总体、被思考和被感知的社会的主体的自为存在。

2.1.3　"全面发展的人"与新型农民

"全面发展的人"具体到乡村振兴战略中就是要培育"有文化、懂技术、会管理、善经营、爱农村"的新型农民。按照新技术革命的科学伦理观，我们对"有文化、懂技术、会管理、善经营、爱农村"的新型农民做出如下诠释：

首先，要有一种新型的人际关系观。人的发展是一个历史的范畴，它同社会解放的历史过程始终是一致的。马克思说："人的全面性不是想象的或设想的全面性，而是它的现实关系和观念关系的全面性。"也就是说，人的全面发展、人的能动的创造本质的充分发挥，既取决于社会生产力的发展，又取决于人们的社会关系特别是社会生产关系的性质和丰富性。如果说，人类只有通过人与人的关系即人的社会关系才能发生人与自然的关系，那么社会关系的变革，人们之间社会联系的日益丰富便是人的全面发展、人的能动的创造本质的充分发挥的基本前提。人们只有真正能够驾驭自己的社会关系时，才能真正自觉而全面地驾驭自身与自然的关系。而人们要真正能够驾驭自己的社会关系，则是以消灭阶级压迫、消除社会贫富分化和对立、实现社会公正和平等、形成人与人之间互助合作的关系为前提的。而那种以"买卖关系的人的价值为基础的社会"的状况，证明了人不仅不能驾驭自己的社会关系，反而将人的社会关系异化为一种物与物的关系，成了支配人自身的一种盲目自发的异己力量。在这种情况下，所谓人的现实关系和观念关系的全面性也就无从谈起。我国社会主义新农村建设是一种全新的社会生产关系的构建过程，农民如果不能真正驾驭自己的社会关系，就不能摆脱物与物的买卖关系对自己社会关系的支配，必然会遏制新技术革命在新农村建设中"善的无限可能性"的发展。

其次，实现人对技术的自觉有效的支配。当代新技术革命的迅速发展，客观上为社会主义新农村建设造就新型农民提供了前所未有的可能性，这是因为高新技术的应用不但可以使农民从繁重的体力劳动中解放出来、创造更多的社会财富，而且使农民的闲暇时间大大增多，为广大农民进行系统的学习，有效地提高智力水平、文化素质，从事创造性的活动提供更多的机会。同时，由于智能机器和自动装置的应用给劳动者创造的闲暇时间以及现代通信工具的广泛使用，也使劳动者之间的交往更加频繁、广泛和丰富，从而使人们的社会关系更加发展、全面与丰富。所有这一切都说明，当代新技术革命为农民的全面发展、农民创造能动性的充分发挥创造了前所未有的可能性，也为农民在乡村振兴战略中实现对技术的有效支配提供了智力基础。

再次，形成一种新的科学的价值导向体系。历史证明，人类社会发展的每一次划时代的历史转折和重大历史斗争，都需要有一种新的价值体系作为精神基础和价值支撑。当代新技术革命的发展使人的社会责任范围空前扩大起来，只有造就全面发展的新型的"全面发展的人"才能与之适应。在社会主义新农村建设中，如何造就能够适应和推动当代新技术革命的发展的新型农民，需要一种全新的价值观念，即科学的未来观、深刻而广泛的责任观以及全面发展观。这些价值观深刻反映了新型农民在社会主义新农村建设中敢于负责、顾全大局、牺牲自我的马克思主义的世界观和价值观，能够最大限度地实现现代科学技术为我国新农村建设服务的目的。只有树立这种价值导向体系，才能培养和造就"有文化、懂技术、会管理、善经营、爱农村"的新型农民；也只有这种全面发展的新型农民才能适应和推动新技术在新农村建设中的应用，并有效遏制新技术革命的负面影响。

最后，拥有高尚的道德情操和道德素质。人是生产力中最重要的因素，生产力越发展，人的因素就越重要。传统观点把道德修养排除在劳动者的素质之外，认为人的道德素质对生产力的发展无关紧要，埋下了轻视道德建设的祸根。事实上，生产力的发展不仅需要提高人们的劳动技能、科学技术素质和文化素质，而且需要提高人的思想道德素质。在社会主义新农村建设中，新技术革命不仅对农民的知识和能力素质提出了新的、更高的要求，而且对农民的道德素质也提出了新的要求。在新技术革命条件下，更需要通过道德建设为生产力发展提供精神动力；更需要通过道德建设调节越来越复杂的人际关系，更需要通过道德建设为科学技术的开发和利用指引方向；更需要通过道德建设更新人们的传统观念。毛泽东同志说："人们的社会存在，决定人们的思想，而代表先进阶级的正确思想一旦被群众掌握，就会变成改造社会、改造世界的物质力量。"在新技术革命蓬勃发展的今天，特别需要人们更新观念，解放思想。就我国新农村建设的现实来说，农民传统的思想道德观念已成为阻碍农业生产和农村社会发展的重要因素。受传统观念的束缚，新的研究成果往往得不到推广，新的经营方式得不到人们的认可。特别是在社会主义市场经济条件下，需要农民有改革开放的观念，需要农民有进取的精神，需要给竞争以合法的地位，这些只有在破除某些旧的道德观念，树立新的道德观念的基础上才有可能实现。

2.2　回流农民工的人力资本

如前所述，近几年来，农民工回流返乡成为了一种趋势，而在乡村振兴战略背景下，会有越来越多的农民工选择回流返乡[①]。农民工返乡甚至在某些地区群体性涌现必定给乡村带来多方面的影响，如何将返乡农民工这种能量转化为推动乡村发展的动力与智力是一个必须重视的重大现实问题。另外，实施乡村振兴战略，急需一大批"有文化、懂技术、会管理、善经营、爱农村"的实用型人才，而目前乡村人才是乡村振兴中的薄弱环节，是短板中的短板，乡村人才短缺将直接影响乡村振兴战略的实施。然而，当前在处理回流返乡农民工问题（诸如回乡后找不到工作、加大人地矛盾、收入减少以及心理上产生适应性障碍等）时主要是从完善公共产品或公共服务为返乡农民工提供基本生存生活保障，构建服务返乡农民工就业、创业的政策体系，促进农民工职业发展（孙中博，2016；张若瑾，2018），构建返乡农民工政治参与的"呼声空间"（王华华，2017）等方面提出解决措施。由于这些措施忽略了对返乡农民工自身的"改造"而使政策效果大打折扣。值得肯定的是也有不少研究，甚至政策安排从提升返乡农民工人力资本水平的层面提出对返乡农民工农村人力资本建设措施，如通过增加教育投入、开展技能培训、加强农村思想政治教育、改善医疗卫

---

① 2017 年，在外出农民工中，省内流动农民工 9510 万人，比 2016 年增加 242 万人，增长 2.6%，占外出农民工的 55.3%，比 2016 年提高 0.6 个百分点，自 2014 年以来占比逐年提高。新增外出农民工主要在省内流动，省内流动农民工增量占外出农民工增量的 96.4%。分区域看，东部地区省内流动的农民工占 82.5%，比 2016 年提高 0.3 个百分点；中部地区省内流动的农民工占 38.7%，比 2016 年提高 0.7 个百分点；西部地区省内流动的农民工占 49%，比 2016 年提高 1.2 个百分点；东北地区省内流动的农民工占 76.4%，比 2016 年下降 0.7 个百分点。

生条件、农民创业意识与创业能力培养等提升农民（留守农民和返乡农民工）人力资本水平（杨冬梅，2014；丁彦、周清明，2016；王李，2017；张雅光，2018），以期在乡村振兴战略实施中发挥更重要的作用，然而现实中理论成果的政策转化效果却不理想。究其原因，从已有文献以及一些地方的实践效果看，绝大多数研究乡村人力资本建设仍是用统一的基于非农领域的人力资本内涵这一逻辑展开，人力资本内涵的形成更多地体现了规定性定位特征，缺乏对"返乡农民工""乡村振兴战略自身特殊的规定性"这些约束条件（内生性需求）的研究。正是因为这些"内生性需求"，在极大程度上影响了乡村振兴战略对人力资本的不同需求。

2.2.1 回流农民工的含义及其在乡村振兴战略中的意义：与留守农民相比

自 1979 年的诺贝尔经济学奖获得者西奥多·W. 舒尔茨（T. W. Shultz，1964）在《改造传统农业》中首次论证了农民的技能和知识水平与农业生产率之间存在着显著的正相关关系后，国内外众多学者沿着这一思路从更广泛的角度通过研究得出了同样的结论，认为农民的人力资本对农村经济社会具有促进作用或重要的促进作用（Moock 和 Addou，1985；周晓，2003；李勋来，2005）。在此基础上，不少学者还专门论证了返乡农民工对乡村经济社会发展有重要的促进作用，主要体现在：促进农村非农产业发展（Murphy，1999）、推动农业产业化发展（Rozelle 和 Scott，1999）、有助于农村政治结构和制度环境的改善（周大鸣，2003）、促使乡村非正式制度因素的变迁（时慧娜，2008）、提高了农村整体的文化素质并有力推动了当地社会经济发展进程（谷玉良，2016）。农民工返乡后之所以能够对乡村发展发挥更多更大的作用，重要的原因是返乡农民工与留守农民相比具有多方面的优势：一是观念更新。回流农民工由于常年在外且受到城市生活的熏陶，思想观念、价值观念以及消费观念等更时尚、更先进，从而对回乡后的就业行为甚至对乡村的政治结构和制度环境均产生一定的影响，有助于改善乡村治理。二是能力更强。许多研究认为，农民工外出务工经历会通过增加返乡后创业的融资比例和人力资本积累促进创业。农民工多年在外打拼，具有一定的知识、技能和资金的积累，他们回乡后不仅带来了较为先进的技术与经验，可以促进乡村产业多样化的发展，而且可以增加农业生产的资金和技术投资，能够提高土地等农业资源的利用效率，有效促进现代农业产业化发展。三是社会资本更丰富。返乡农民工与乡村具有"母子"情感，不仅保留了家乡地的社会资本即人脉，社会学研究也早已论证了社会资本在促进个体（即使一个集体）发展方面的意义。而且，返乡农民工多年在外打拼还构建了一个家乡外的社会资本网络，这个圈层社会资本对于推动返乡农民工引领所在乡村"走出去"具有重要的作用。另外，通过访谈还发现，返乡农民工与留守农民相比具有促进乡村发展更强烈的内在动力。就像前面分析的那样，返乡农民工由于常年在外（城市）务工，生活方式、思想观念、价值观念等已经几乎"市民化"，返回乡村（城镇）后各方面的条件与其外出务工时存在着很大的差距，这种差距使他们产生了失落感和焦虑感，他们的这些不适应性情感会在更大程度上转变为改变乡村旧貌的原始动力。

返乡农民工与留守农民相比的这些优势是长期外出积累的结果，具有两个显著特征：一是具有内生性特征，它是在农民工外出务工因需要适应工业化、城市化的发展自觉或不自觉中形成的综合素质；二是上述三个方面也可概括为人力资本与社会资本两类，它们之间存在相互促进的作用，通过直接作用与间接作用共同促进农民工综合能力的提升，而最直观的是农民工个体收入的增加，这些提升的品质正是乡村人才的主要内容。然而，当前返乡农民工对乡村发展的积极作用并没有那么突出，有学者甚至认为仅有一小部分返乡农民工对农村和农业的发展产生了积极影响，大多数影响或效应并不明显。他们认为一些返乡农民工或是没有能力来应用所获得的技能（Gmelch，1980），或是其带回的打工收入也没有被有效地应用于能够带动家庭长期发展的投资中而主要用于盖房子等家庭消费（白南生、宋洪远，2002），或是其能力水平实质上没有提升，他们在外务工期间并没获取充足的技能（Stark，1995；张立芳、毛楠，2017）。可见，返乡农民工在乡村振兴中的作用并没有充分发挥出来。

2.2.2　回流农民工的现状

2.2.2.1　全国的基本情况

综上可知，回流农民工是返乡之后不再外出的农民工，这类群体存在两点特征：第一，农民工回流的时间超过一年，并且不愿再外出打工；第二，农民工回流的地点不是当地城镇，而是流出地的农村，并且长期工作或生活在本村或者相邻村镇。

近几年来，全国农民工回流趋势明显，中西部地区劳动力回流加快。首先，在中西部地区务工的农民工比例不断提高。从表 1-2 可以看出，从输入地看，2018 年在中西部地区务工农民工有 12044 万人，占农民工总量的 41.77%。总人数比 2017 年增加 378 万人，增长 3.24%，增速提高了 2.64 个百分点（2017 年比 2016 年增长 0.64%）。从输出地看，2018 年中西部地区农民工 17456 万人，占农民工总量的 60.55%。总人数比 2017 年增加 192 万人，增长 1.11%。其次，中部地区省内流动的农民工占比从 2017 年的 38.7% 上升到 2018 年的 39.4.%，西部地区从 2017 年的 49% 上升到 2018 年的 50.4%，分别比上一年提高 0.7 个和 1.4 个百分点，跨省流动减少，本地就业增加，回流趋势较明显。

从全国流动人口的增速来看，2015 年开始，全国流动人口总量已连续三年下降，从另一个角度反映农民工回流返乡趋势。国家卫计委发布的《中国流动人口发展报告（2018）》显示：2015 年、2016 年和 2017 年，中国流动人口总量分别为 2.47 亿人、2.453 亿人和 2.445 亿人，分别较上一年减少了 568 万人、171 万人和 82 万人。流动人口的变化也反映在春运数据上①。2018 年春运期间，全国旅客发送量约 29.7 亿人次，比 2017 年（29.8 亿人次）略有下降。但是，从图 2-1 中可以看到，从 2013 年开始，全国春运客流量增速明显开始下降，2013 年的增速是 9%，2014 年是 6.2%，2015 年是 3.5%，2016 年是 3.8%，2017 年是 2.29%，2018 年则是 -0.3%。同时，中西部的省会城市常住人口增量也在不断增加。郑州在 2017 年常住人口增加了 15.7 万人，重庆增加了 26.73 万人②。

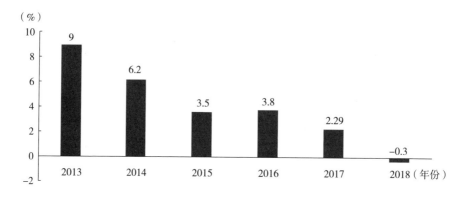

图 2-1　2013~2018 年全国春运客流量增速

资料来源：中国报告网。

---

① 《中国流动人口发展报告（2018）》。
② 搜狐网，http://www.sohu.com/a/227518733_355756，2018-04-07。

2.2.2.2　河南省农民工的回流趋势

河南省作为中部地区的人口大省之一，全省的劳务输出一直居高不下。2011 年，河南省农村劳动力转移就业总量达到 2465 万人，其中省内转移 1268 万人，省外输出 1197 万人，首次出现省外劳务输出人数低于省内转移人数的现象，是具有标志性拐点的年份。此后，河南省农村劳动力继续延续回流态势。2018 年末，河南省总人口 10906 万人，比 2017 年末增加 53 万人，常住人口 9605 万人，比 2017 年末增加 46 万人，其中城镇常住人口 4967 万人，常住人口城镇化率 51.71%，比 2017 年末提高 1.55 个百分点。同时，农村劳动力转移就业总量 2995.14 万人，其中省内转移 1799.01 万人，省外输出 1196.13 万人①。

2.2.3　河南省回流农民工人力资本现状与需求

2.2.3.1　供给与问题

近年来，河南省深入实施"助力脱贫攻坚·万人培训计划"和"阳光工程""雨露计划"，加大农村实用人才培训力度，加快培育职业农民。伴随着乡村振兴战略的提出，河南省政府也做出相应的战略部署，不仅设立 18 个乡村振兴示范县市、162 个示范乡镇，还建立河南省乡村振兴技能人才培养示范基地和示范专业点，加强对乡村振兴人才的培育。

例如，孟津县作为乡村振兴的示范县之一，采取多种措施，将返乡乡土人才"聚"起来、"唤"回来、"留"下来、"用"起来，不断优化基层人才结构，为乡村振兴积蓄人才力量。不仅通过电话、微信群、入户走访、悬挂横幅和发放一封信等形式召回人才，而且将返乡乡土人才收录人才库，实现人才的数量优势。同时，县、镇、村分层分级召开返乡人才恳谈会，实现返乡人才全覆盖，让返乡人才为家乡发展建言献策，增强责任感。开展"春风行动"，开辟返乡乡土人才创业绿色通道，在政策咨询、贷款办理方面提供便利，为返乡乡土人才提供就业创业的支持，把人才用起来。此外，还将 118 名返乡乡土人才纳入村后备干部队伍，适时补选进入村"两委"班子，不断激发村级队伍活力，实现乡村有效治理②。

河南省政府对乡村振兴战略背景下的人才振兴制定了一系列的政策，

---

①　《2018 河南省国民经济和社会发展统计公报》。

②　人民网，http://dangjian.people.com.cn/n1/2019/0404/c117092 - 31013629.html，2019 - 04 - 04。

开展了一系列的措施，所以本书从教育、职业培训、就业、医疗健康四个方面对回流农民工人力资本建设的现状及存在的问题进行分析。

（1）河南省回流农民工的教育水平。回流农民工的教育包括两个方面。即在校教育和继续教育。河南省国家统计局河南调查总队发布的数据显示，2016年，河南省进城农民工的受教育程度依然以初中为主，初中占四成多，大专和高职占一成多，大学本科及以上的仅占3.8%[1]。2018年，河南省进城农民工中，初中文化程度的人数仍然最多，占比41%，高中（含中专）占比27%，小学及以下占比13%[2]。通过以上数据可以看到，河南省回流农民工的在校教育，主要以初中学历为主，文化素质偏低。

在回流农民工的继续教育方面，河南省农民工工作领导小组在2017年的工作中提到：支持鼓励新生代农民工接受中等职业学历教育和继续教育，提高农民工的学历和能力。建立新型职业农民职业教育制度，按照半农半读、农学交替、分阶段学习等方式对农村新成长劳动力开展中等职业学历教育。

通过多变的形式、多样的方法、较大的覆盖范围，满足了回流农民工继续教育的需求，增强了他们的竞争力，也提升了他们的精神文化层次。同时，职业教育为回流农民工职业的定位与规划也产生重要影响。但是，由于回流农民工受自身收入受限、工作时间过长、频繁更换职业等的影响，虽然有需求意愿，但是行动力不足，培训不能系统化，使得回流农民工的继续教育得不到连续性的发展。同时，职业教育培训模式存在一定的滞后性，使得回流农民工竞争力提升空间有限，继续教育对回流农民工的作用并没有达到预期效果，回流农民工综合素质的提升有限。

（2）河南省回流农民工的职业培训。个体关于知识和经验等人力资本的获取，既可以通过教育手段间接传授，也可以通过"干中学"的方式，在实践中不断积累经验。在"干中学"的过程中，劳动力获得了技术和知识，也增加了某些方面的工作经验，提高了劳动生产效率和非农产业的就业能力。因此，工作经验可以在一定程度上反映农民工的技能熟练程度。钟甫宁、陈奕山认为，除了长期的务工经历以外，农民工务农产生的体力劳动的经验积累，也会在一定程度上增加农民工的人力资本。

为加强回流农民工的职业技能，逐步实现农民工职业技能全覆盖，河南省政府在2017年提出，实施"农村劳动力技能就业计划"、农民工等人

---

[1] 《2016年河南进城农民工市民化现状及城市融入度调查报告》。
[2] 《2018年河南农民工市民化进程监测报告》。

员返乡创业培训五年行动计划、新型职业农民培育工程、岗位证书培训、星火计划、技能培训促就业行动、青年农民工培训、女性农民工技能培训项目，对农民工开展职业技能培训、创业培训、转岗培训，推行企业新型学徒试点工作，加大农民工职业培训改革创新力度。

河南省回流农民工经过职业培训，获得了相关职业的经验，学习了相关技能，使自身人力资本有了很大的提升，为乡村振兴提供更多的技术人才。虽然政府和高校、企业合作，对回流农民工的职业培训进行得如火如荼，但是大部分回流农民工只认识到职业培训的重要性，参与度却不高，甚至认为参加培训会耽误目前的工作，并且回流农民工获得技能证书的人数较少。如 2018 年《河南农民工市民化进程监测报告》的数据显示，87%的受调查农民工没有获得任何职业技能证书。虽然没有职业技能证书不能直接说明回流农民工没有经过职业技能培训，但是也间接地说明回流农民工职业技能的缺乏。同时，回流农民工对职业技能的灵活运用，也是有待考量的。

（3）河南省回流农民工的就业能力。回流农民工通过外出，积累资本、学习技能、开拓思想，可以为乡村振兴做出贡献。回流农民工的就业能力是体现其人力资本积累的一个重要方面。本书对河南省回流农民工的就业能力主要从创业和从业两个方面进行分析。

1）河南省回流农民工的创业分析。自 2008 年起，国家先后出台一系列政策措施鼓励农民工的创业行为。2018 年 1 月，国务院新闻办公室举行的国务院政策例行吹风会上，进一步就农民返乡创业融资难问题提出重要举措。河南省实施了农村青年创业致富"领头雁"计划，开展了"创业创新巾帼行动"。同时，为解决返乡农民工在创业过程中遇到的资金问题，河南省政府成立了农民工返乡创业基金，资金规模达到 100 亿元。在资金补贴方面，河南省也出台了最新的资金补贴措施，主要包括创业培训补贴、创业资金补贴以及创业过程中发生的水电等费用的补贴。

2017 年，河南省农民工返乡创业新增 24.74 万人，带动就业 255.25 万人；同年，河南省农民工返乡创业人数累计达到 100.95 万人，带动就业累计达到 594.78 万人。2018 年上半年，河南省农民工等人员返乡下乡创业新增 11.89 万人，带动就业 102.5 万人。同时，政府加大资金支持力度，为返乡农民工发放创业担保贷款 27.83 亿元，使创业人数不断增加，返乡下乡创业集聚态势更加明显。回流农民工的返乡创业不仅实现了自身的发展，同时也通过以小带大的方式，创造了更多的就业岗位，带动了当地经济的发展。

2）河南省回流农民工的从业分析。通过回流农民工创业热潮的带动，很多乡镇实现了"以一带多"，从而实现了更多人的就业。回流农民工通过创业既实现了学以致用，同样也使自身得到了发展，为更多的人提供了就业岗位。

虽然有的人通过创业带动了就业，但是，回流农民工进行创业还是少数的人，2016 年河南省回流农民工中，创业的回流农民工仅占 10.85%，大部分回流农民工面临的还是从业问题。通过表 2-1 中的数据可以看到，河南省农村转移劳动力主要分布在第二、第三产业，第二产业人数占比虽然在递减，但是 2016 年仍达到 58.5%，而第一产业的人数占比在 2016 年仅有 1.7%，占比最高的年份也只有 2%。可以看到，外出农民工从事的行业也集中在第二、第三产业，第一产业的人数极少。而回流的农民工的就业创业主要集中在自己以前从事的领域，接受的技能培训也集中在熟悉的领域。对于农业生产，他们不但技能缺乏，而且从事农业生产的意愿不足。同时，河南省回流农民工的素质也存在参差不齐的问题。在外务工时，由于社会资本的不足，很多回流农民工的工作都是亲戚或者熟人介绍，从事的行业多为技术含量不高的建筑业、制造业和服务业等，或者以打零工的方式实现就业。

表 2-1　河南省农村剩余劳动力转移在三次产业中的分布　　单位：%

年份	第一产业	第二产业	第三产业
2010	1.8	70.1	28.1
2011	2	68.9	29.1
2012	2	67.8	30.2
2013	1.6	65.2	33.2
2014	1.3	63.8	34.9
2015	1.1	62.1	36.8
2016	1.7	58.5	39.8

资料来源：《河南调查年鉴（2017）》。

（4）河南省回流农民工的医疗健康水平。健康是人力资本的重要组成部分。良好的健康状况不仅使个体生病的次数减少，同时会提高劳动者的生产效率，增加劳动者从事生产的时间，进而提高收入，这就是健康投资的重要意义。健康投资不仅与劳动者的社会保障水平相关，同时也与劳动者的工作内容相关，两者都会对回流农民工的健康状况产生正面或者侧面的影响。

《中国职工状况研究报告（2017）》表明，虽然农民工是职业病的主要受害人群，但是面临维权困境。卫生部通过调查 15 个省份 30 个区县乡镇企业职业的危害情况，显示存在职业危害的乡镇企业占比达到 83%，其中职业病和疑似职业病的人群占比达到 15.8%，对农民工的健康产生很大影响①。《河南调查年鉴（2017）》指出，2016 年，河南省外出务工人员中，有 58.9% 的人从事第二产业，其中从事制造业和建筑业的人占比达到 90.4%，受职业病困扰的人数较多。

农民工不仅面临职业病的威胁，而且签订劳动合同的比例也不高，自身权益难以保障。由表 2-2 可以看到，2010~2016 年，河南省外出劳动力未签订合同的比例每年都高于 60%。2016 年，签订无固定期限劳动合同和一年以上劳动合同的人数仅有 21.2%，最高年份为 30.9%，仍远低于未签订合同的人数，使得外出农民工的权益得不到保障。

表 2-2　2010~2016 年河南省农村外出劳动力签订合同情况　　单位：%

签订合同比例 ＼ 年份	2010	2011	2012	2013	2014	2015	2016
无固定期限劳动合同	14.3	15.0	14.5	14.3	17.0	17.0	9.3
一年及以上劳动合同	9.6	9.5	9.7	13.2	13.9	10.5	11.9
一年以下劳动合同	2.5	2.5	2.7	2.6	2.7	2.7	2.6
没有劳动合同	61.4	68.1	68.3	64.8	59.1	62.6	68.6
自营及其他	12.2	4.9	4.8	5.1	7.3	7.2	7.5

资料来源：《河南调查年鉴（2017）》。

同时，河南省回流农民工外出务工时，缴纳"五险一金"人数的比例也很少。由表 2-3 可以看到，河南省农村外出务工人员中，2010~2016年，缴纳"五险一金"的比例虽然有所提高，但是速度增长较慢，甚至有些年份还出现了下降的情况。2016 年，河南省农村外出务工劳动力中，缴

---

① 中工网，http://media.workercn.cn/sites/media/grrb/2018_01/18/GR0505.htm，2018-01-18。

纳工伤和医疗保险的人数占比均为 18.3%，而养老、失业、生育和住房公积金等的缴纳人数占比还不足 10%，甚至生育不足 5%。虽然 2016 年缴纳工伤和医疗保险的人数占比接近 20%，但是仍存在很大缺口。同时，随着中部地区产业承接速度的加快，河南省回流农民工多在私营企业工作，从事制造业和建筑业者居多，许多企业缺乏完善的用工制度，他们既不签订劳动合同，也不办理各类社会保险，从而造成回流农民工与整个社会保障体系脱节，尤其是回流农民工在遭遇疾病、失业等情况下，无法获得社会保险体制提供的帮助。

表 2-3　2010~2016 年河南省农村外出劳动力缴纳"五险一金"情况

单位:%

缴纳比例 ＼ 年份	2010	2011	2012	2013	2014	2015	2016
缴纳养老保险	5.9	4.6	5.1	9.0	10.7	9.1	8.5
缴纳工伤保险	15.9	11.6	14.1	15.7	17.4	15.2	18.3
缴纳医疗保险	8.0	7.5	7.4	9.4	12.2	10.2	18.3
缴纳失业保险	3.3	2.5	2.4	3.9	4.5	5.1	5.6
缴纳生育保险	1.9	1.3	1.3	2.8	3.0	3.4	3.8
缴纳住房公积金	1.8	2.4	2.5	3.6	4.2	4.2	4.9

资料来源:《河南调查年鉴（2017）》。

除此之外，由于常年进城务工，农村的医保政策享受得比较少。目前，国家推出的"新农保""新医保"等政策，无论是在范围上，还是在推广力度上，覆盖面都比较广，应该是回流农民工参保的主要险种。由《河南调查年鉴（2017）》对河南省各个县参与社会保障的人数统计发现，2016 年参与新型农村社会养老保险的人数有 4202 万人，占到农村人口的 75.6%，普及状况还是存在一定差距。同时，回流农民工由于常年进城务工，在医疗保障方面出现了断层。而农村的新型合作医疗主要的参与主体也只是农村常住居民，从理论上来说，虽然农民工应纳入保险政策，但是由于新型合作医疗对农民工的覆盖面较窄，并且提供的服务有限，所以农民工很难享受到其带来的福利，即农民工虽然参保却没有看到医疗保障有效地发挥作用。

（5）河南省回流农民工人力资本建设存在的问题。前面章节对河南省回流农民工人力资本现状，即供给进行了分析，可以看到河南省虽然采取一定的措施加强回流农民工的人力资本建设，但是回流农民工的人力资本建设依然存在以下几个问题：

1）缺少生产经营型的职业农民。土地作为农民赖以生存的根本，农村产业的发展，离不开农业的发展。现代农业化发展需要的是新型职业农民，即在农业现代化生产的大环境下，能够主动迎合市场的需求，从事农业生产获得收入，并将农业当成自己终身职业的从业者。他们提升自己的知识和文化素养，具备一定的技能进行农业现代化的生产，并且富有创新精神，有很强的责任心。新型职业农民可以分为三类，分别是生产经营型、专业技能型和社会服务型。虽然河南省农村转移劳动力在外从事农业的占比在 2016 年仅有 1.7%，几乎没有接受过农业技能培训，然而，回流农民工可以利用其文化和资金优势，多渠道获得信息的能力以及一定的技能，转变意识，经过相关的培训，成为专业技能型和社会服务型职业农民。但是，如果要成为生产经营型的职业农民，则需要进行全方位的培训，在提升知识技能的同时，还要加强农业产业化经营和科技化管理技能，具有风险意识，才能成为农业生产的专业大户。

2）缺乏农业科技人才。乡村是农民赖以生存的家园，所以生态环境建设必不可少。实现生态宜居，需要培养一批绿色发展理念、掌握绿色生产技能、善于经营农业产业链的绿色农业带头人。回流农民工在外经过继续教育，拥有一定的知识和技能，经过培训后，可以短时间内掌握绿色生产技术，实现绿色农业的发展。目前，回流农民工从事的行业多是劳动密集型产业，拥有的技能也只是经过简单培训就能掌握的，其文化水平以初中为主，缺乏对科技农业的认识，农业科技水平几乎没有。目前，乡村振兴中缺乏绿色农业科技人才，而农业科技水平的提高，是一个系统的过程，还需要经过不断实践，边干边学，才能真正掌握农业的科技水平，建立农村生态发展的长效机制。

3）缺乏乡贤人才。乡村文化振兴，需要弘扬中华优秀传统文化，特别是弘扬节日文化、民俗文化、乡贤文化、农耕文化、乡愁文化等。文化的振兴不仅是行动上，更是人们心里对乡村文化的认同。回流农民工作为乡村的一分子，土生土长于乡村，对乡村的文化有一定的了解；同时，回流农民工外出务工，生活和工作的圈子多数都是同乡人，很多工作都是熟人介绍，再加上对城镇的排斥心理，回流农民工对乡村文化的认同较高。再者，回流农民工通过继续教育、成人教育，再加上社区文化的熏陶，道德素质、文化水平普遍有所提升，通过与当地人的交流，开拓了自己的视野，可以为乡村的文化振兴带来新的活力。但是，乡村中依然存在大操大办、厚葬薄养、聚众赌博、封建迷信等不良风气。回流农民工虽然通过外出务工文化水平提高了，但是由于自身文化水平的局限性，在校教育年限少，继续教育不系统，再加上生活圈子主要是同乡人，一些不良习惯并未完全消除，有时候不仅不会促进乡村文化的发展，还会使乡村的不良风气愈演愈烈。所以，要实现乡村文化振兴，就需要利用回流农民工的先进思想与乡村文化融合并引领乡村文化的发展，同时对不良习惯加以纠正和教育。

4）缺少乡村善治人才。实现有效治理，需要培养一批自治、法治、德治的领路人。首先，回流农民工通过外出务工，不断学习，增加了自身的文化水平和道德水平，提高了对自身的认知。同时，从《2017年农民工监测调查报告》的数据可以看到，回流农民工遇到问题寻找法律途径解决的人数占比逐渐增强，说明回流农民工的自我保护意识和维权意识在不断增强。其次，还有少部分人参与社区建设，为社区发展建言献策。这些都是回流农民工参与乡村治理并实现有效治理的优势。但是，回流农民工也存在一定的不足。文化水平不高，有维权意识的人占比少，遇到问题有寻找法律途径的意识，但是对法律知识知道的太少，同时，回流农民工主要看重的是个人的生存和发展，而实现有效治理需要的是道德水平高、法治意识强，同时具有一定的威望、管理水平的带头人，实现的是整个乡村的发展，对回流农民工的道德水平和治理能力提出了更高的要求。

5）缺乏创新和教育医疗人才。实现生活富裕，不仅要提高农民的就业质量，拓宽农民的增收渠道；同时，也要加强社会保障，实现全面发展。回流农民工经过进城务工，提高了技能，增加了知识和经验，开阔了视野，带回了先进的文化和思想，这些对回流农民工的创业有先天优势。同时，河南省在实现产业承接的过程中，为回流农民工的就业创业带来了便利。回流农民工利用资金和技术自身优势，返乡创业，不仅实现了自身的就业，同时也带动了相关产业和当地人的就业。但是，由于文化水平回流农民工自身的受限，再加上一般的技能培训，就业和创业方向多与外出经历有关，多集中在劳动密集型产业领域，所以，就业和创业存在一定的领域局限，缺乏创新人才，在目前农村产业化结构调整时容易被淘汰。

实现生活富裕，不仅是经济收入的增加，同时也要加强医疗健康水平。近些年，由于政府重视，回流农民工的医疗健康水平有所提升。2016年，河南省农村外出务工劳动力中，缴纳工伤和医疗保险的人数占比分别增加到 18.3%、18.3%，但是依然存在不足，回流农民工的社会保障有待加强①。

2.2.3.2　乡村人才的需求

（1）国家乡村振兴的人才要求。根据国家乡村振兴战略规划的要求，实现乡村振兴，需要以下六种人才：

1）新型职业农民。通过建立全面的职业农民制度，实现培育新型职业农民的目标，要求他们做到爱农业、懂技术、善经营，使从事农业生产的人群结构得到优化，新型农业经营主体队伍发展壮大。同时，实施新型职业农民培育工程，允许他们采取弹性学制的方式参加与农业相关的中高等职业教育，对达到要求的新型职业农民，积极引导其参加城镇职工养老等社会保障。

2）农业科技人才。建立专业技术人员在乡村和企业的挂职、兼职等制度，要求他们来自高校、科研院所等单位，同时保障他们的各项权益，比如职称评定等。深入开展有关农业人才项目，推广农业科技服务的特聘计划，农业科技人员提供增值服务时，允许其获得合理的报酬。

3）拥有乡土文化的本土人才。通过对乡村发展进行规划引导，树立典范，对乡土人才进行充分挖掘并进行培育，建立具有特色鲜明、突出优势的文化产业区。建立乡村公共文化服务体系，落实标准、网络、内容、人才等方面的要求。对文艺工作者提出更高的要求，激发其持续推出反映乡村生产生活的优秀作品，充分反映时代的精神风貌；同时，深入实施文化结对帮扶的活动，引导不同群体致力于乡村文化建设。

4）农村基层党组织带头人。优化乡村党组织的整体素质，拓宽人才选拔力度，覆盖大学毕业生、外出务工人员、本村致富能手和退伍军人等群体。每个县为一个单位，对乡村逐个进行摸底排查，集中优化村党组织，全方位地落实县级备案管理。村级后备干部的储备机制在每个村建立起来，通过引导人才回流、院校定向培养等方式进行。对一些贫困村、组织涣散村，派出第一书记进行管理，并建立长效机制。

5）创新创业人才。采取产学研合作的方式，使高校、企业、科研机构、返乡人员的协同作用得到加强，推动农村更加多元化的创新和创业群体。对政府主导的农业技术创新联盟要予以重视和培育，资金、技术和服务等加速扩散，返乡创业人员在相关产业的带领下进行创业活动。对政府、企业和社会等各方面的资源进行整合，包含技术和资金在内的各项要

---

① 《河南调查年鉴（2017）》。

素集聚在乡村创新创业领域。鼓励农民进行创业活动，加大支持力度，并推行科技特派员制度，引导生产要素在乡村集聚。

6）各方面的社会人才。通过制定和完善相关政策，全面建立激励制度，引导社会各类人才聚集乡村，为乡村建设做贡献。以乡情、乡愁作为连接的纽带，引导各类人才通过担任志愿者、提供法律服务等多种方式为乡村服务。关于融资贷款、配套设施建设补助、税费减免等扶持政策，积极采取措施落实并加以完善，引导工商资本助力乡村振兴建设。通过"三区"人才计划、大学生村官、"三支一扶"等计划，引导乡村振兴活动的开展。

（2）河南省乡村振兴人才需求及类型。根据国家人才规划的六项主要指标，《河南省中长期人才发展规划纲要》对河南省乡村建设所需人才做出规划，即农村实用人才达到210万人，同时农村实用人才受教育年限达到10年以上。加强对农村实用人才带头人培养，造就更多的"双强"型党员干部和致富带头人、科技带头人、经营带头人，鼓励和支持农村实用人才牵头建立专业合作组织和专业技术协会。具体来讲，河南省乡村振兴需要以下主要类型的人才：

1）新型农业经营和科技人才。对于乡村发展来说，产业兴旺是最重要的经济根基。只有产业兴旺，乡村才能更好地发展，从而实现乡村振兴的目标。实现乡村的产业振兴，需要更多的资金、技术等生产要素流向农村，促进一二三产业融合发展。这就要求打破现有的农业生产模式，改变传统的以家庭为生产经营单位的生产方式，科学布局，实现种植规模化、生产专业化。由此，必须壮大新型农业经营主体，培育一批掌握农业生产技术、推广农业科技的实用人才，同时打造会经营、懂管理的经纪人队伍。

2）绿色农业带头人。实现生态宜居的目标，首先需要从思想上认识到绿色发展的重要性，贯彻"绿水青山就是金山银山"的发展理念。其次对农村的环境加大保护力度，实现人与自然和谐发展。因此，必须对农村的传统产业进行换代升级，让农民进入新的经济发展空间；推广科技，实现绿色农业种植；打造融农业生产、休闲和乡村建设为一体的发展模式；采取措施有效解决农村环境污染的问题，加强生态保护。要实现这些目标，需要既有绿色发展理念，又有绿色生产技能，同时善于经营的绿色产业带头人。同时，还要通过打造农耕文明等方式，提升广大农民的生态环境保护意识。

3）乡贤人才。乡村人才和平民英雄作为乡村的一部分，是乡村精神文化的象征和代表，规范了乡村生活中人与自然的基本关系，使正常的生产生活秩序得以维系。实现乡风文明，既要对乡村的优秀文化进行传承，也要发挥先进文化的引领作用，实现乡村文化更好地发展。这就要求身边的道德模范、优秀基层干部作为行动的"标杆"；同时，也要挖掘身边的好人好事，找出典型，培养德才兼备的乡贤人才，发挥他们在乡村振兴中的道德引领作用。

4）拥有自治、法治、德治才能的乡村善治人才。在当前的乡村基层组织中，滋生了许多腐败因素，权利个人化、随意化等现象愈发明显，导致乡村公共事务衰变，自然资源过度开发，乡村集体经济也面临衰落的风险。针对现状，党的十九大报告提出了自治、法治、德治结合在一起的治理体系，为破解乡村困境提出了更为全面的人才要求。要实现"有效治理"的目标，必须在传承乡村治理经验、在村民自治的实践基础上，针对当前乡村存在的不足，建立自治、法治、德治三者的协调机制。同时，对乡村基层领导干部提出更高的要求，不仅要求坚定的政治立场、更高的道德水平和较强的法律意识，同时也要求一定的管理才能，能够真正带动整个乡村发展，搞活经济，富裕百姓。

5）教育和医疗人才。生活富裕既是乡村振兴的根本，也是实现全体人民共同富裕的必然要求。生活富裕，不仅是指物质上的富足，也包括身体和精神的共同富裕。因此，实现生活富裕，需要的不只是资本和技术的流入，同时也需要教育、卫生医疗等人才在乡村集聚，为乡村发展贡献自己的力量，引导乡村实现生活富裕，推动城乡教育和健康事业一体化发展，全面提高农民的文化素质和身体素质。

2.3　新型农民培育和回流农民工人力资本建设

2.3.1　新型农民的培育

乡村振兴战略实施，农民是否能有效地参与其中是一个决定性的因素，而培育具有现代性的新型农民更是一个关键。按照新技术革命伦理观的要求，培育新型农民可以从以下四个方面着手：

（1）在市场开放与思想开放中培育新型农民。新技术革命带来了一个信息化的时代，信息化的一个重要特征就是开放性。信息化不仅能引起经济领域的深刻变革，而且会引起思想领域的革命。因此，培育新型农民要在市场开放与思想开放中进行，让农民融入市场经济的大潮，以开放的意识参与国内国际两个市场的竞争和发展，只有这样，才能造就适应新技术革命的新型农民。同时，开放的意识和广泛的参与必然促进农民的思想解放，使之变革一系列旧观念，建立与改革开放及新技术革命相适应的新观念，从而融入中国特色社会主义的观念系统，在思想上成为新型农民。但在培育中要通过创新制度来抵制和消除西方资本主义国家思想、文化及意识形态等方面的消极影响，正确引导农民汲取新技术革命的积极成果。

（2）在制度的建设与创新中培育新型农民。新型农民培育制度化是一种必然趋势，这种制度创新主要有两个方面：一是将新型农民的培育与现代科学技术管理和应用的制度创新相结合，二是与当前市场经济制度相结合。当前我国新型农民培育的制度建设和创新主要有相关的法律制度、管理制度、教育和培训制度、资金保障制度、考核和评价制度等。同时，也需要创新与农民利益直接相联系的土地制度及农村社会保障制度，要借助制度的建立与创新强化新型农民培育的各种机制。

（3）在高新技术的应用实践中培育新型农民。把新型农民培育与高新技术在农业领域中的应用相结合，使新型农民培育真正融入高新技术的实践中。新技术革命条件下，特别是生物工程等在农业领域中的应用和推广，农业产业及其相关产品科技文化含量高起来，这不仅为新型农民培育提供了新的文化内涵，也为新型农民的造就提出了更高的伦理道德要求。总之，这种方式对新型农民的培育发挥着潜移默化的导向、教育、调节作用。

（4）以提高农民的精神伦理为重点，大力发展农村教育培训工作。乡村振兴的实质和精髓应该是"有文化、懂技术、会管理"的农民自觉的致富运动，在初期需要中央和各级政府倡导、扶持、示范和带动，但不是包办代替，且政府的这些行动应逐步淡出，否则又会成为"农业热闹、农村萧条、农民消沉"的形式主义花架子。在乡村振兴战略实施中必须始终突出和激发农民自觉、自助、协同的主体意识，激发其创造性与主观能动性，这样才可能把政府的意图长期、正确地贯彻实施下去，并且变成农民的自觉行为。当前，中国农民最需要树立的精神伦理是勤劳、自立与合作，这也是创建乡风文明的新农村的灵魂。只有通过系统的农村教育培训工作，才能较好地提高农民的精神伦理。因此，要加强农村基础教育，培养和提高农村人口的基本素质；要大力发展农村职业教育，直接培养懂技术的新型农民；要完善农村成人教育体系，形成扫除文盲、提高教育和社会教育三个层次由低到高并相互依存的农村成人教育体系，有效地解决农村成人教育问题，从而提高农村劳动者的整体素质。

2.3.2　提升回流农民工人力资本

回流农民工是农民中的特殊群体和重要组成部分，除了强调他们的现代性转型外，由于他们在乡村振兴战略中的特殊地位和作用——作为乡村人才的重要组成部分，因此更需要针对性进行人力资本的再提升。

2.3.2.1　常规性政策

（1）提升回流农民工的教育水平。由于回流农民工的基础教育已经完成，所以其教育水平的提升主要通过职业教育、成人教育等措施来推动。首先，政府应关注回流农民工的职业教育，加大经费投入，增强师资力量，完善教学设备；同时，了解市场需求，企业空缺，培养满足市场和企业的高素质人才，整合高校关于农业的教育资源，并分为高等、中等和初等三个级别，互为补充，形成"三位一体"的文化教育体系。其次，采用科学的方法，更新回流农民工的观念，让他们树立新的思想观念，重新从事有关农业的生产活动。再次，加强思想宣传，让回流农民工树立终身学习的理念，不断更新劳动知识，提高所学技能，充分认识到教育投资的重要性。最后，课程教育要因地制宜，结合市场需求，开设职业课程，如农业相关课程或者符合当地市场经济发展需求的课程，让回流农民工可以更快地实现自身的价值，为乡村振兴做出贡献。

（2）加强对回流农民工的职业培训。虽然部分回流农民工已经积累了一定的技术经验，但是，多数回流农民工拥有的是低质量的就业技能和知识，必须对其加强职业培训。首先，从市场需求和区域特点入手，因地制宜地设立培训课程和培训内容，针对不同人群采用不同的培训形式。对失业的农民工群体，应该先了解他们失业的原因，是自身不愿意就业，还是与劳动力市场需求不匹配造成的结构性失业，然后根据整体情况制定培训方案；对没有就业意愿的农民工群体，科学地分析目前的就业形式，使其就业观念得以改变，树立就业意识；对因缺乏灵活的就业渠道无法实现就业的农民工群体，多渠道为他们提供就业信息，引导科学就业；对技能不足而无法就业的农民工，提供针对性强的技能培训，使其再就业的能力有所增强；对有创业想法的农民工群体，帮他们分析市场需求和产业政策，制定可行的创业计划。

其次，多元化的培训主体。对企业员工的职业培训，政府需要加以鼓励，并建立多主体的培训基地，增加回流农民工的人力资本积累。

除此之外，还要对监督考核机制进行完善。因为回流农民工的技能提升，不仅需要花费时间进行培训，同时也是一个系统的过程。所以，在明确发展方向和目标的同时，也要对回流农民工的监督考核机制加强建设，对其相关工作进行定期检查，及时发现问题并解决问题。

（3）为回流农民工开展"量身定做"的创业培训。返乡创业农民工的创业领域主要集中在自己熟悉的劳动密集型企业。由于对当地市场需求的了解较少，加上受较低技能水平的限制，大部分回流群体创业存在盲目性，缺乏创业所需的经营管理技能等人力资本。这就对政府工作提出了要求，对有意愿创业的回流农民工进行针对性培训。

首先，在培训内容上，从市场需求入手，针对回流农民工的资源特征进行培训，重点培养识别创业机会、抵御风险和生产经营等能力；同时，定期为有创业意愿的回流农民工举办专题培训，向他们阐述创业流程，并对当地的优惠政策进行讲解，使回流农民工了解如何创业。其次，在培训方式上，采取集中培训和专业培训等措施，针对回流农民工在创业过程中遇到的问题，组织经济、金融等方面的专家学者和创业成功典型提供实际指导并给予建议；聘请专业人员，对回流农民工的创业过程进行跟踪，并对问题给予解答。最后，及时向回流农民工传递信息。建立一个平台，对政府政策、市场信息、金融知识、法律常识等信息进行及时发布和更新，为回流农民工的创业提供高效的服务。

（4）加强回流农民工的医疗健康水平。获取高收入的基础是良好的健康状况。回流农民工人力资本的建设不仅要注重对农民的教育、职业培训等，也要加强回流农民工的身心健康。首先，政府对医疗服务的投入力度要加强。由于"城乡二元结构"的长期存在，使农村的医疗基础设施与城市存在很大差距，所以，政府要加大对农村医疗的投入力度，完善医疗设备，提高医疗服务。其次，医务人员的培训要加强。通过定期的继续教育培训，提高医务人员的整体素质。最后，加大健康知识普及力度，让回流农民工拥有科学的健康观念。目前，由于受到经济因素的限制，大部分回流农民工的健康观念还很陈旧，当身体出现问题的时候，不会及时到医院就医，即使他们到医院治疗，关注的重点依然是治病，却不注重疾病的预防。对于这方面的问题，要增强回流农民工的健康知识水平，普及并宣传常见疾病的预防和治疗方法，比如举办健康大讲堂、免费常规体检、发放健康知识宣传页等。

2.3.2.2　特色政策

因为河南省乡村振兴所需要的每一种人力资本类型，都与回流农民工教育、职业培训、创业和医疗健康息息相关，所以从教育、职业培训、创业和医疗健康角度提出的政策建议具有一般性。具体来看，由于河南省乡村振兴所需要的每一种人力资本类型都具有特殊性，所以本节的政策建议主要针对每一类别乡村振兴需要的人力资本类型，提出更具有针对性的建议。

（1）丰富培训模式，提升回流农民工农业的经营管理水平。将回流农民工培育成有文化、懂技术、会经营的新型职业农民，必须丰富回流农民工的培训模式，增加培训的有效性。

首先，对现场教学模式进行完善。培育新型职业农民的主要模式是现场教学，该模式的运用应该不仅仅是课堂教学，而且要深入到农业生产的经营实践中，对回流农民工遇到的问题给予解答。除此之外，对教学人员提出了更高的要求，不仅要求教授知识和技术，而且要加强信息和技术的推广，并实现回流农民工的个性化培训。

其次，要采取"互联网+农业"的培训模式。一是继续加强新型职业农民培训计划的实施，如"阳光工程培训计划""农林创业人员培训计划"等；二是结合新型职业农民培训、农民智能手机应用技能等项目，充分利用现有的教育培训体系，建立具有层次性、丰富性、全面性的教育培训制度；三是依托互联网技术建立网络学习平台，开展移动终端等网络化学习课程，形成"上门培训+集中培训+网络培训"相结合的多元化培训模式；四是逐步健全认证考试、农业生产技能持证上岗等绿色证书制度。

最后，完善项目推动培育模式。从河南省各个农村的实际出发，培训机构应和当地政府、农业技术推广机构建立合作关系，选择具有价值的有关农业科技、管理的创新项目，通过课堂教授、现场学习、参观考察等方式为回流农民工提供产业链式培训。

（2）依托科技合作社，提升回流农民工农业的科技创新水平。坚持创新，带动现代农业的发展，客观来说，要求回流农民工及时更新他们的知识和技能。教育和培训可以有效地促进这一目标的实现，通过加强教育与培训体系的建设，对各方资源进行优化和拓展，建立终身学习型农科人才机制。一是组织农业生产一流人才或专家，积极对本地特色进行开发，采取分批分层的方式对回流农民工进行实用技术培训，加强农村基层人才建设；二是政府和相关农业企业要积极推进公益性示范基地的建立，使回流农民工的学习空间不断拓宽，将理论与实践结合在一起，引导回流农民工的学习和成长；三是加大继续教育的投入力度，实现高职院校和企业的合作并建立科研培训平台，通过订单式培养模式实现人才的联合培养，不论是学习还是工作阶段，农科人员都可以进行新知识和技术的继续学习；四是通过远程教育的发展，推进建立终身教育体系。

同时，加快有关农村科技新型合作社的建立，尽量使得每个合作社都有专家，并针对每个农村产业存在的特点，配备专门的技术人员。然后，由农村科技小组深入农村，针对回流农民工的特点，展开知识传授，进行技术指导，大量培育新型职业农民。

（3）通过教育培训和文化合作社建设，提高回流农民工道德文化素质。回流农民工通过外出增长了见识，开拓了眼界，通过职业教育培训，文化水平有了一定的提升，但是，依然存在文化水平偏低的问题。政府应从实际出发，针对回流农民工的状况，加强对其培育。一是对回流农民工进行社会主义核心价值观的宣传教育，提升他们的道德水平；二是举办令人喜闻乐见、形式多样、通俗易懂的文化娱乐活动，提升回流农民工的文化素养；三是通过免费培训班的举办和宣传，使回流农民工的发展能力和技能得到不断提升，促使农民的生活方式向现代文明进行转变。

除此之外，回流农民工也带来了先进的文化和思想，其新的思想需要和乡村特殊的环境结合，才能有效地发挥作用，从而推动乡风文明建设。政府可以借鉴法国的模式，推出"乡村行动区""乡村更新区"等引导乡村发展。回流农民工通过建立文化合作社，既可以实现新思想的碰撞，也可以更深一步地了解乡村文化，同时可以组织相关文化团体到农村和合作社中进行演出，丰富他们的文化生活，推动乡风文明建设。

（4）完善系统培训，提升回流农民工的治理水平。乡村治理需要自治、法治、德治的带头人。如果要实现乡村的有效治理，需要从三个方面对回流农民工进行培育。首先，要培养回流农民工的责任心，通过有效的文化培育和能力培养，开展实操型现场教学，使其通过能力水平的增加提升自信和解决问题的能力，增强责任心；同时，还要对回流农民工进行系统的培训。一是加强农村工作的实务培训。专门成立培训基地，对有意愿参与乡村治理的回流农民工进行思想和文化素质、工作技能和服务能力的培训，并利用互联网进行后续的跟踪测评。此外，严格考核机制，对培训结果进行严格考核。二是加强与相关单位的合作与联系。分阶段地选派参与乡村治理的回流农民工在高校进行各项教育培训和学习，达到学以致用的效果。三是对培训的效果跟踪反馈，通过工作方式的改善，产生有效的培训结果。其次，在乡村建设中，法治建设必不可少。通过开展法律大讲堂、知识竞赛等活动，增加回流农民工的法律素养。最后，乡村干部作为乡村管理者的一员，需要有较高的思想觉悟和道德水平，需要增加对国家政策的了解，参加学习讲座，同时可以通过到各地学习等形式，增长见识。

（5）完善医疗和社会保障体系，增强回流农民工的健康水平。健康状况作为人力资本的组成部分，对回流农民工的发展起着基础性作用。回流农民工由于年纪较大，再加上伤残等问题，劳动能力有所下降，所以，政府要完善农民基本养老和医疗保障体系，完善农村社区的公共基础设施，优化社区的公共服务环境，尤其是基本医疗卫生条件服务，逐步建立设施完备、功能齐全、管理规范的社区服务体系。充分利用"互联网+医疗健康"的方式，将互联网与医疗健康进行有效融合，使有限的卫生资源发挥最大化作用，满足农村人口医疗服务的需要，实现回流农民工健康的监测与治理。同时，对回流农民工的社会保障也要进行规范，促进转接工作的顺利进行，或建立回流农民工的社会养老保险制度，加强回流农民工的健康水平。

2.4　本章小结

本章讨论了包括农民工在内的农民的发展问题。在以网络信息技术为主要特征的新技术日新月异的今天，农民作为一个群体首先要向现代性转型，这既是现代化社会发展的需要，更是乡村振兴战略实施的需要。作为乡村振兴战略中的主体，只有成功地实现了现代性转型，才能真正参与到伟大的乡村振兴战略中。回流农民工作为农民的特殊群体与留守农民相比具有明显的优势，但这种优势是在城市化进程中形成的，为我国的城市化和工业化发展发挥了不可替代的作用。然而，城乡的差异使这本来很适应城市发展的能力却不一定适应乡村发展的需要，显得"水土不服"，因此，需要从乡村发展本身的角度即用内生性分析方法重新界定回流农民工的人力资本，需要对他们重新进行人力资本的建设，以期尽快形成适应乡村振兴战略所需要的乡村人才。

第3章
农民的土地财产权实现

赋予农民更多的土地财产权，需要从"私有"产权的视角重新审视农民土地产权的配置及其难以正常实现的根源。农民土地财产权是以公有为基础的赋予"私有"特性的权益，农民土地财产权难以正常实现的根源在于农民拥有哪些土地产权没有界定清楚，而农民既有的相关土地权益受到了不同程度的挤压，同时在农民土地财产权实现的机制中忽略了市场的意义。在市场经济条件下，农民土地财产权的市场化实现，需要对农民拥有哪些土地产权进行科学界定与分类，即对农民土地财产权从农民集体和农民个体两个方面进行严格区分，并以此为基础设计不同的市场化实现机制。

3.1 农村土地制度变迁：土地功能视角

3.1.1 正确认识和理解土地功能

土地功能作为制度内各主体相对利益的体现，是影响我国农村土地制度安排的主要因素之一。土地的不同功能也使相同的土地权利往往具有完全不同的意义和作用，正确认识农地所承担的功能是研究农地制度改革的始点。首先，农地作为农业生产最重要的生产要素，必须通过市场机制来实行优化配置，这不仅要求农民拥有排他性的农地权利，而且还要求农民的农地权利可以交易，实现规模经营。其次，农地为农民提供了生存、就业和养老等社会保障，保证农民的生产和生活不会遭受突发性事件的毁灭性打击。但是，农地社会保障功能容易导致政府公权不断侵占农民农地权利，甚至禁止农地交易而不顾效率的丧失。最后，土地尽管不能像其他流动性资产那样可以在地理区位上自由流动，可是作为不动产，土地是所有财产中受市场风险影响最小的一种，土地的这一财产功能特性要求赋予农民完整的土地权利（特别是土地的发展权），并使它们能够分割、流转和交易，而且不断增值。然而，土地的几种主要功能并非在任何时候都是相互协调的，在经济发展的不同阶段每种功能的地位是不同的，它们时常存在矛盾。从 1949 年新中国成立以来的农地制度变迁历史中我们不难发现，我国农地制度变迁是各主体围绕农地及由此产生的各种利益、功能展开的多重博弈。随着农地要素功能和财产功能的凸显，各主体围绕着农地制度的博弈将更加激烈，而这种对现存农地制度的相互博弈，正是推动农地制度变迁的动力和必要条件。

3.1.2　1949 年以来我国农地制度变迁及其解读：基于农地功能变迁视角

从 1949 年以来我国农地制度变迁来看，农地功能的变迁成为我国农地制度变迁的晴雨表。

1949 年新中国成立之初，农村封建土地所有制的存在，不但不利于新政权的巩固，而且更不利于国民经济的恢复和人民生活水平改善。另外，新中国成立初期确定了新民主主义的基本经济纲领，对农地制度改革具有直接影响。在农村进一步推行土地改革、建立农民土地所有制，这不仅符合这一基本纲领的要求，而且是落实这一纲领的具体行动。1950 年 6 月颁布的《中华人民共和国土地改革法》明确规定和阐述了土地改革的路线、方针和政策，其主要内容是废除封建剥削的土地所有制，实行农民的土地所有制。土地改革实现了千百年来中国农民"耕者有其田"的梦想，实现了"私有制+私有产权"的土地制度的深刻变革，极大程度地解放了农业生产力，为社会经济发展提供了坚实的物质基础；平均分配土地的私人所有制，极大程度上缩小了贫富差距，使中国大部分农民获得了生存权和发展权。不仅如此，土地改革虽未能解决总量性的人地矛盾，却极大地缓解了结构性人地矛盾，为农地主要功能转向生产要素方面创造了条件。

土地改革虽然使农民平均分得了土地，但本质上农业仍然属于分散落后状态的小农经济，因此，随着农业生产的进一步发展，其局限性开始凸显：一是生产能力不平均，二是生产力不足且得不到保障。在这种情况下，从地方到中央，由下至上发起了农民互助组、初级合作社等形式的合作化运动。1956 年 3 月通过的《农业生产合作社示范章程》标志着全国基本实现了初级合作化，其特点是农民将土地等主要生产资料作股入社，由合作社实行统一经营。因此，经营权已离开农民家庭，与农户初步分离，形成了"私有制+集体产权"的制度安排，即所有权与经营权分离。这一制度变迁，主要是解决农地的生产效率问题，总体上有利于效率和公平的提升，实现了帕累托改进。

但是，自1958年中国实施重工业化战略后，为保障重工业化的资金来源，与重工业化战略实施同期进行的高级社和人民公社化农村土地制度安排，完全打断了农地主要功能转换的进程。在高级社阶段，国家限制了农民土地所有权；在人民公社时期，国家权力对农地无偿调拨，农地财产功能丧失殆尽。人民公社化农地制度安排，彻底改变了土地改革时期确立的"私有制+私有产权"的土地制度安排，建立了"集体所有制+集体产权"（集体所有集体经营）的土地制度。就产权界定本身而言，由清晰变为模糊。同时，为了确保城市粮食供应和重工业发展，国家在开展农业合作化运动的同时实施了城乡分割的二元体制。城乡二元体制使农地的社会保障功能重新强调到无以复加的地步，工业化进程中土地生产要素功能与财产功能同时丧失的后果，不仅使工业畸形发展，而且使农业处于崩溃边缘，绝大多数人口的温饱问题不能得到解决，使土地失去了基本保障功能。家庭承包制是为了解决广大人民温饱问题首先由群众发起，进而由国家确认并进行的制度选择，是一种"集体所有制+准私有产权"的制度安排，理论上欲解决人民公社时期农地制度安排中的产权模糊问题，解决农业生产中的激励问题。制度选择初步达到了改革者的预期目标，在第一轮承包时，全国绝大多数地区都是按人口平均分配土地，主要是为了保障每户的口粮和基本收入来源。1978～1984年农业获得了超常规增长，彻底解决了"吃饭难"这个长期困扰我们的难题，使农地的社会保障功能得到充分发挥。

但是，我国自1984年首次出现"卖粮难"现象后，连续4年粮食产量下降，农民收入在波动中缓慢增长。这次农业经济发展所面临的困境从表象来看与家庭承包制有关，实质上却是由经济转型带来的，即在解决农民温饱问题后，农地的主要功能应该转移到生产要素轨道上来。家庭承包制后中国多样化的农地制度创新形式，都是为提高土地生产要素功能而进行的制度变迁。事实也是如此，家庭承包制后各种制度创新都使农地效率有所改善，在一定程度上增强了其生产要素功能，然而并未使农地制度主要功能的转换越过临界点。在20世纪90年代中后期，以及21世纪的最初十几年，由于国内国际经济形势的变化与影响（如中小企业发展陷入困境），农民非农就业的稳定性下降了，农地的社会保障功能有所抬头，农地生产要素功能提高的进程停滞下来。

目前，随着市场经济的不断深入，农地的生产要素功能和财产功能日益成为不同利益主体的诉求。但是，由于城乡二元制度带来的体制性障碍，严重制约着农地主要功能的转换，农地要素功能与保障功能的矛盾十分突出。根据余逢伯的研究，现阶段农地要素功能与保障功能的矛盾性表现在三个方面：一是农地产权明晰、稳定和定期调整的矛盾。土地的要素功能首先要求做到产权明晰，同时要求这些权利保持相对稳定，因为产权明晰、稳定，能够尽可能地避免对与产权相关的一系列权利的侵犯。但土地的保障功能，要求实现"动态公平"，又不得不作适当的调整。二是产权可交易与限制土地交易的矛盾。作为生产要素的土地，其要素效率的提高以可自由流动和交易为前提，同时土地要素的财产性也要以自由交易为前提。而作为保障功能的土地，无论是从农民个体，还是从全社会稳定的角度，都不允许土地大规模的自由交易，因为土地自由交易必须面对交易后农民的就业与社会保障等潜在问题，一旦处理不当，可能引发社会问题。三是规模经营和平均分配土地的矛盾。作为生产要素的土地，规模经营才会产生较好效益。但作为保障功能的土地，其基本的出发点就是要平均分配土地。

总之，从农地主要功能变迁看，我国农地制度在 1978 年之前体现了农地的保障功能与国家工业化战略的矛盾，1978 年之后体现了农地保障功能与生产要素功能和财产功能的矛盾。具体地讲，农地主要功能经历四个非均衡变迁过程：1949~1953 年，强调保障功能；1954~1978 年，强调服务于工业化战略，但生产要素功能和保障功能均丧失；1979~1984 年，强调保障功能；1985 年之后，农地保障功能与要素农地矛盾凸显。在当前的农地制度下，农地的保障功能和要素功能、财产功能之间的矛盾，成为国家和农民主体打破现存制度，寻求制度创新的基本动力。

3.2　农民土地财产权的现实困境

自改革开放以来，中国农村土地积极发挥其生产和保障职能，为解决农民基本的温饱问题起到了关键性作用。随着中国经济的不断发展，农村土地政策的不断完善使农民土地财产权受到高度重视并得到一定保护。党的十八届三中全会提出，要"赋予农民更多的财产权利，最大化发挥农村土地的资本作用，让整个农业和其他产业逐渐接轨，让农村土地更多体现其财产性作用"。然而，在现有制度约束下，农民手中的土地产权依然不清晰、不完整，农民尽管拥有土地、房屋等大量"资产"，却难以转化为农民的财产性收入。究其原因，一是农民拥有哪些土地产权界定并不清楚，同时，农民既有的土地权益极易受到代理人的挤压或侵蚀；二是农民土地财产权实现机制缺乏市场因素。因此，农民土地财产权的实现，需要不断充实农民的"私有"产权，使其逐步具备完整的产权结构，以市场为基础建立农民土地财产权相关保障机制、治理机制及实现机制，确保农民自由让渡（流转）土地财产权利。

3.2.1　农民土地财产权利的内涵与特征

中国特有的农村土地产权制度，使农民土地财产权结构显得尤为复杂，土地性质的转变也带来了很多现实问题。只有准确理解中国农民土地财产权的内涵，把握其特征，才能对未来中国农地产权制度改革、农地财产权市场化实现提供合理的政策建议。

3.2.1.1　农民土地财产权的内涵

农民土地财产权的内涵有一个不断调整的过程，农村土地由保障性功能向财产性功能转变拓展了农民土地财产权的内涵。"产权"即产权主体对财产的权利，亦即对财产的广义所有权。土地财产权的客体——"财产"，过去单纯指土地这一客观存在的实物，现今涵盖了土地的使用权、收益权等权利客体。其中，收益权不仅表示土地使用者的经营收益权，还指财产权主体行使处分权取得经济利益的权利，而处分权也不单是保留承包权、转让使用权（农地流转），还包括整个承包权的转让、抵押等。可见，土地财产权既包括作为权利主体享有的土地权益，又包括作为权利客体的土地及其衍生权利。土地财产权的使用价值不仅体现在其固有的生产属性和直接用途上，还体现为土地的产权交易可以间接地为人们带来一定的经济利益。产权主体行使其土地产权权能，既可以是对土地的直接使用，如投入农业生产或住房建设，也可以让渡其拥有的土地财产权的全部或者权利中的一部分，如集体土地使用权流转、承包权（特别是经营权）流转等。

集体土地所有权是一种广义的所有权，具备完整的产权结构，包括集体土地的所有权、占有权、使用权、处分权，集体土地所有权的主体是农民集体。集体所有权的属性体现为对内"公有"，对外"私有"。集体与农民个体之间既对立又统一，对立性体现在农民以农民集体的身份与作为个体身份之间的对立，单独的个体凭借其集体"成员"资格取得"私有"土地财产权，但不以个人身份享有和行使集体所有权；同时，农民集体是由个体构成的"团体"组织，集体财产权体现的利益关系必须落实到每个农民身上，最终体现农民双重身份利益的统一性。农民"私有"财产权是农民以集体或个体的身份享有的权利或收益，是现阶段稳定中国农村基础、保障农民土地财产权顺利实现的根本依据。

3.2.1.2　农民土地财产权的特征

自 20 世纪 70 年代末农村土地产权制度改革以来，经过 30 余年的探索与实践，农民土地财产权制度已逐渐确立。总体上看，中国农村土地财产权制度具有显著的中国特色：①产权分离及其公、私产权的对立与统一。这一特征主要体现在集体仅保留土地所有权，即集体作为农地所有权主体具有"公有"产权。同时，集体将土地的使用权（即农户承包）交给集体内的农民个体，由此土地使用权的占有权、支配权、处分权也被分离出来，形成独立于所有权的个体农民的私有"产权"。②农地财产权主体的二重角色。双层经营制度安排既类似于股份制下企业的所有者与经营者分离，又不同于一般意义上的股份制。股份制下两者是彼此独立的法律主体，身份上没有重叠，而农村集体是由农民个体组成的，其所有者主体本身就是由集体内部成员构成并具有团体性。农民既作为集体成员依法承包经营本集体土地，又具有集体所有者身份享有集体财产份额，集体和农民个体之间具有不可分离性。③财产权具有浓厚的身份色彩。家庭联产承包责任制下农村土地承包人只能是本集体经济组织成员，土地财产权主体必须具备本集体成员资格。进一步说，承包权及其主体的状况决定了农民土地产权关系的性质，农民土地产权的取得实际上是以承包权的取得为基础的，包括取得宅基地使用权、以集体"成员"身份享有集体财产等。④农民土地财产权逐渐体现出不断扩充和硬化的倾向。农地制度改革赋予农民相对稳定的农地经营权，承包经营权是农民最根本的权利，家庭联产承包责任制下实行的承包经营权已被明确定义为财产权，而农民宅基地使用权、集体收入分配权客观上也已构成农民私有"产权"的一部分。同时，农村结构与家庭人口变化也使越来越多的农民将其拥有的土地承包权进行抵押、担保、入股等，承包经营权的物权性质使其逐步形成"四权统一"的完整产权。

通过以上对农民土地财产权内涵与特征的分析，我们认为，在中国，农民土地财产权实际上是一种带有"公有"色彩的"私有"财产权。公有财产权是指能够满足公共利益并为国家所专有的所有权利，同时，体现了农村土地集体所有权的公有性质。"私有"财产权则是为保护私人利益而设立的权利，从财产权市场化实现的角度看，中国农民土地财产权的本质是"私有"财产权，主要由农民享有。具体来讲，农民的"私有"财产权主要包括承包权的各项权利的财产化、农地流转的各项权利的财产化、农地发展权的相关财产权利的实现，以及抵押、担保、继承等权利。

3.2.2 农民土地财产权的现实困境与原因

"土地"作为农民最重要的财产，能否充分发挥其财产性职能，既关系到与土地有关的各项权利的市场化实现能否顺利进行，也是未来中国农村土地产权制度改革、新型城镇化进程、城乡一元化、人口管理体制构建等几大核心问题能否解决的关键所在。

3.2.2.1 农民土地财产权实现现状

随着新型城镇化战略的推进，农村土地的财产性价值得以体现。从理论上说，农民能够享受到土地增值带来的收益和农村经济发展带来的好处，农民能够将手中的承包权进行抵押、入股、经营权流转，出租宅基地使用权、房屋所有权，依法取得征地补偿权等。然而现阶段对农民"私有"财产权是一种"受保护、任何人都不能侵犯的财产权利"的认识不足，农民"私有"财产权流失、受损的现象比较严重，农民土地财产权难以公平、充分地实现。

（1）所有权主体成员资格的财产权没有实现。集体土地的所有权是农民集体，个体只是作为其中的一员和其他成员共同享有集体土地所有权。按照现有规定，作为个体的农民没有权利处分其集体财产中所有的属于"私有"的那部分土地财产权。具体来说，就是其享有的集体份额不可转让、分割、继承。离乡定居城市的农民不能行使权利将属于自己的那份财产权进行转让；集体"成员"过世，家庭成员也不能依法继承其遗留的那份从集体得来的土地财产权。集体财产在某种程度上呈现出一种固化状态，作为集体所有权主体成员资格的财产权并没有得到充分实现，最终这部分土地财产权的处置权极易落到乡村权势阶层的手里。

（2）征地过程中集体所有权被剥夺。在城市建设用地日益缩减的情况下，城市规划区内的农村集体建设用地出让收益成为地方政府财政收入的主要来源，土地出让的低成本、高收益也成为地方政府扩大财政收入的主要手段。《城市房地产管理法》第九条关于农村集体建设用地"先征用，再出让"的规定，使地方政府在土地出让市场中具有绝对的垄断地位，农村土地的集体所有实际上演变为地方政府所有。同时，相对低廉的土地补偿费用并不能弥补集体失去土地后的各项权利带来的损失。更为严重的是，土地征收发给农民的补偿费用经过各级基层政权截留，真正到农民手里的份额极其有限。

（3）农地使用权流转过程中农民财产权流失。部分地区在推动农地流转过程中，只为响应国家政策，并没有考虑农地使用的实际情况和农业生产力水平，只是盲目地推动农地流转。另外，一些村干部出于自身经济和政治利益的考虑，往往是加快和促成农地流转，强制改变农地用途，不惜损害集体和农民个人利益，如村干部未征求农民意见，私自与用地单位签订土地使用合同。加之，农民的产权意识薄弱，没有通过法律手段或相关机制来保障自己的农地财产权不受侵犯。不规范的农地流转使得农民失去了最基本的生活保障，农地发展权遭到破坏，也使得原本属于农民的土地财产权随之流失。

（4）忽略了农民分享土地上的未来的土地财产利益。农民的农地承包权、集体收益分配权都是能够给农民带来未来收益的财产权。集体"成员"死亡，作为其家庭成员却不能期盼通过一定行为或法律程序继承这些土地财产的未来收益。建设用地的紧张使得农民预期未来宅基地流转必将能够带来可观的收入，然而关于宅基地流转的限制，使得农民希望通过转让宅基地使用权取得收益的诉求未能得到重视。中国农业大学调查结果显示，2010~2011 年，由于农村宅基地不能随意转让，农民担心宅基地退出后其在城市的住房保障和就业问题不能得到妥善解决，导致中国农村宅基地的空心化率在 10% 左右，其中，东部地区农村宅基地的空心化率明显高于中、西部地区。

3.2.2.2　农民土地财产权难以公平、充分实现的原因

农民土地财产权现存问题的产生有以下几点原因：

（1）中国农村土地产权公有、私有的对立。集体所有制下集体财产的处分与实现需全体成员一致同意通过，单独个体并没有处分集体财产、行使集体所有权的权利。集体财产权的"公有"与农民个体财产权的"私有"之间存在对立关系，若允许农民将其享有的集体份额转让、单独行使其权利，则被认为是对集体财产的分割、私有化。加之，中国的社会主义公有制经济基础与集体所有体现出的"公有"色彩相得益彰，更让人们看到公有、私有之间的不可调和，而不能从根本上认识到两者的统一性。无论作为集体"公有"的财产权，还是作为个体"私有"的财产权，矛盾最

终得以解决的唯一途径就是两者的实现统一落实到农民个体身上。

（2）产权归属不清晰，各利益相关者体现出理性经济人特征。农业收益回报的长期性和不确定性，使得地方政府并不重视农业发展水平的提高，反倒是以短期的土地增值收益为制定政策的基准，尤其是招商引资等形式的农地用途具体转变为当地政府带来可观的收益，成为当地政府农业转型"政绩"的具体体现。集体对外行使土地权利时往往不能形成一个有效的团体统一协商，土地权益行使权事实上是由村委会这一行政组织代行，而村委会在直接行使集体所有权相关权利过程中存在着侵蚀集体利益现象且无任何监督机制。集体财产的"公有"产权色彩，不能具体到每个农民身上，单独的农民个体不可能出于保护集体利益而自己承担相应的成本，有理性的、寻求自我利益的个人不会采取行动实现他的共同或集体的利益。

（3）集体所有权受到行政管理权挤压，集体土地的处分权与收益权不完全，农民的土地相关权利是一种受限制的财产权。相关法律对农地征收、农村建设用地入市的规定体现出国家真正拥有对集体土地的最终处分权，而作为国家基层代理人的地方政府则代为行使权利。没有处分权的所有权就是不完备的"私有"财产权，伴随处分权带来的收益一并受到分割。同时，作为集体所有权主体的农民集体的概念不明确，所谓的集体到底是指以行政划分的村，还是由村内小组（生产队）、全体乡（镇）农民构成的集体，集体也没有通过全体成员授权委托—代理人行使和保护其土地权利。政府征地过程中往往与集体的利益相悖，前者依靠政治强制力行使集体土处分权，作为所有权主体的农民在集体土地处分时并没有话语权。

（4）土地未来权益归属不明确。农地承包权是以承包合同取得的物权，这使得土地承包权具有一定的期限性和变更性。承包权的经营权带来的收益（承包地经营收益）是可以继承的，但是承包权、集体收益分配权历来没有明确立法可以由其家庭成员继承取得。这源于当时集体土地的取得是凭借其特殊的"成员"身份，而这个所谓的"成员"即农村家庭的户主。农村土地分配制度的初衷只是为了维护农民社会稳定、保障农民基本生活来源，并没有考虑到"成员"去世后，其财产权的去留问题。此时，集体所有权的公有性质往往使得人们在意识形态上认为应该被集体收回。另外，国家法律对农村宅基地流转的限制比较多，尤其是禁止城镇居民到农村购买住房，非本集体成员只能租赁，不能承包集体土地的限制，使得众多已经定居或准备移居城镇的村民不能通过让渡其拥有的宅基地使用权，以及转让住房实现宅基地的财产性收入。

3.2.3　农民土地财产权的充实与实现

通过以上分析，本书认为，中国农民土地财产权的实现，需要认清农民土地财产权的本质，即以"公有"为基础不断充实和完善具有"私有"特性的农民土地的产权体系，以市场机制为实现平台，让农民逐步拥有和实现完整的土地财产权。

3.2.3.1　构建独立稳定有保障的产权制度

我国农地制度的变迁是在制度环境的约束下，伴随着农地功能的非均衡变迁而进行的。在计划经济体制下，农地功能转换的矛盾被掩盖，但是，在市场经济不断深化的背景下，农地功能转换的矛盾即农地的保障、就业功能与农地生产要素、财产功能的矛盾开始凸显并日益尖锐。从本质上讲，当前农地功能转换的矛盾是在社会主义市场经济条件下，土地功能的内在要求在滞后的农地制度变迁中没有正确处理好公平与效率的关系，其包括这样几层含义：第一，从市场经济的角度讲，农地作为重要的农业生产资源，应该具有完全的生产要素功能；第二，从缩短城乡发展差距和收入差距角度讲，农地不仅应该具有完全的生产要素功能，也应具有完整的财产功能；第三，从统筹城乡发展的角度讲，农地还要具有一定的保障功能和就业功能（生存保障功能逐渐弱化，就业功能相对增强）。我们认为，上述所有矛盾的根源都指向了同一因素——产权。因为产权的明晰，是保障资源配置的前提。无论实践中农地财产权、发展权如何得到发展，如果没有正式的产权制度，其实际的效果必然会受到影响。由此可见，我国未来农地制度变迁的重点是在坚持农地集体所有制（权）的前提下，通过相关技术设计和法律安排进一步明晰和完善农地产权，并实现产权的资产化。

关于农地制度产权清晰化的改革，当前学术界和政府决策部门取得了基本一致的认识，许多有益的探索对我们研究农地产权的配置具有重要的启示意义。但是，就如何进行产权制度改革，综观已有的研究，并没有取得理论上的突破，如关于农地集体所有权的改革方面，目前主要有四种观点，国家所有权、农户所有权、多元混合所有权、坚持现有农村土地集体所有权的基础上完善现有土地使用权。关于农地产权改革方面，目前主要有五种观点：土地产权实行国家单一所有制；国家、集体、个人三元所有制；私有制；土地双轨制（土地国有基础上的个人占有制，即在法律上土地最终归国家所有，但在经营形式上允许私人占有和继承）；强化现有土地所有制。但我们认为，这些观点本身仍没有厘清所有权与产权的关系，甚至有的将所有权等同于产权，显然，这很难实现农地产权的清晰化配置，更谈不上实现农地的要素和财产功能。

因此，进一步明晰农地产权是农地制度改革的首要工作，而这一制度变迁的前提是进一步界定农地集体所有权与产权的关系，进而在此基础上进行正式的制度安排。

关于所有权，一般认为，所有权是指人与物通过法律形式确定的关系。民法界定，所有权隶属于物权。所有权是所有制的法律形式，所有制包括公有制、私有制和国有制。产权是一个社会所强制实施的选择一种经济品使用的权利。产权是一组权利，在交易中是可以分解的，如房屋租赁、土地使用权转让等；当产权分解后，所有者对所有权的行使（特别是土地的发展权）就受到了某种限制。产权不是指人与物之间的关系，而是指由物的存在及关于它们的使用所引起的人们之间相互认可的行为关系。尽管至今还没有关于产权公认、统一性的定义，但从经济学家给产权的定义中不难看出，产权与所有权不是同一概念。产权包括公有产权、私有产权。新制度经济学认为，私有产权在配置资源方面比公有产权和国有产权更具效率。根据本书对登姆塞茨关于产权的结合与所有制关系的理解，认为同一种所有制可以与不同的产权形式相结合，如公有制与产权有两种结合形式，即公有制与公有产权结合和公有制与私有产权结合。登姆塞茨认为，在公有财产体制（公有制）下，公有产权的价值在最大化时没有考虑许多成本。一个公有权利（产权）的所有者不可能排斥其他人分享他努力的果实，而且所有成员联合达成一个最优行为协议成本非常高。而私有产权伴随着排斥其他人的私有权利导致谈判成本降低，允许大多数外部性能以一个十分低的成本被内在化。分析上述关于所有制与产权关系的阐述，可以得出这样的结论：私有产权并不是私有制，在公有制财产体制下，私有产权不仅可能存在，而且是公有制实现形式的较优选择。

因此，我国农地制度改革的方向，应是在坚持农地集体所有制前提下，给予农民拥有独立的（排他性）、完全的、稳定的、有保障的土地产权即私有产权的法律地位。

3.2.3.2 农民土地财产权的充实与实现

（1）农民集体土地财产权的充实与实现。农民集体土地财产权的实现是农民个体土地财产权的重要内容。农民集体作为所有权主体参与相关土地财产权的实现过程，而农民个体则作为集体成员以一定方式参与集体土地财产权益的分配。

1) 明确集体所有权主体,落实集体对土地的直接支配权。《土地管理法》第八条规定:"集体所有的土地依照法律属于村农民集体所有,村农民集体所有的土地已经分别属于村内 2 个以上农业集体经济组织所有的,可以属于各农业集体经济组织的农民集体所有。" 由于生产合作社或者农业集体经济组织已经不复存在,现行的所谓的集体所有事实上就是村内各生产队所有,也就是村民小组所有。然而,目前的农村土地所有权实际上是由村委会等行政组织代行的,原本属于集体的所有权遭到弱化,集体利益被侵犯的现象屡见不鲜。这就需要实现农村集体所有权主体和行政主体的分离,将经济权利归还集体经济组织,即生产队或村民小组。同时,应落实集体对土地的直接支配权,实现集体所有权主体地位。

2) 建立城乡统一建设用地市场,行使集体所有权。按照中国土地政策相关规定,不允许农村集体土地使用权直接进入市场,农村土地转变为城市建设用地只能通过先国家征收,将其变为国有土地性质,再出让给用地单位,这样的征收不仅针对农村建设用地转为城市建设用地,还包括将农业用地转为城市建设用地。农村土地入市"先征收,再出让"的制度显然不利于集体实现自主发展、自主城镇化。党的十八届三中全会决定提出,要建立城乡统一的建设用地市场,在符合规划和用途管制前提下,允许农村集体建设用地出让、租赁、入股,实行与国有土地同等入市、同权、同价。为此,要落实集体土地所有权主体地位,必须在相当大的范围内打破过去"先国家征收,后有偿出让"的程序,逐步放开农村土地出让市场,由用地单位与集体直接对话协商,允许集体在符合国家农业土地利用规划和用途管制的前提下,有偿出让集体建设用地使用权。具体实施中,对外出让农地集体建设用地必须经过本集体组织全体成员讨论和表决通过后,报请国家相关政府部门批准;限制农地、后备农地和未完成开发的建设用地可以先行有偿出让进入土地市场。

3) 促进集体土地使用权租赁、入股,增加集体财产性收入。按照现行规定,若个人或组织使用集体土地,其自身必须是本集体经济组织成员或者集体组建企业,集体组织以外的民事主体是不能直接取得集体土地使用权的。这些规定在很大程度上限制了农村集体土地的使用权流转,减少了集体兴办产业的融资途径,不仅阻碍了集体土地财产权的实现,也使得集体土地使用效率低下。而集体土地使用权作为农村集体土地所有权下的一项权利,随着集体土地财产权的不断完整,集体应逐步享有集体土地处分权,一方面可以直接将集体建设用地出租给企业,通过收取地租的形式增加集体收益，拓展集体的财产性收入渠道；另一方面也可以通过与用地单位协商，将集体土地使用权以折价入股的方式共同开发建设，使集体拥有的土地这一重要资产充分发挥资本效应，有效解决集体产业融资困难的问题，同时增加本集体收入。

（2）农民个体土地财产权的充实与实现。

1）明确赋予农民土地处分权，让农民拥有完整的承包权。中国农村土地制度改革之初就明确赋予农民对承包地占有、使用和收益的权利，然而处分的权利却始终没有落实给农民。当前的农地政策安排并不能满足农民对土地的利益诉求，农民希望拥有承包地的处分权。所以，应进一步明确界定农民的土地权利，逐步、有条件地赋予农民土地处分权，使农民真正享有占有、使用、收益和处分"四权统一"的承包权。同时，应明确立法将承包权作为农民最根本的土地财产权确立下来，如此，才能稳定农民对土地长期持有的信心，也有利于维护中国农业长期、稳定和健康发展。让农民享有完整产权的承包权，不仅在意识形态上承认农民拥有土地承包经营权具有物权性质，更重要的是需要有明确的立法将其纳入物权法中，只有这样，才有利于保障和实现农民的土地财产权。

2）农民宅基地有偿转让、退出，实现宅基地资产价值。改革开放以来，中国农业得到了高速发展，大量农民进城定居，或在农村从事非农生产，他们的生存状况已经与农地有了质的分离。如果能够将宅基地以转让、出租等方式进行流转，一些农民无疑能够实现其宅基地的资产价值。然而，现有关宅基地的法律法规虽然对农村住房转让限制相对宽松，但是对农村宅基地转让则严格限制，如不可转让给其他集体成员或城镇居民，农村住房所有权转让必将因宅基地使用权的不可转让性而受阻。根据《担保法》第三十四条，农民对宅基地只拥有占有和使用的权利，没有处分和收益的权利。只有在"住房转让给本集体内符合宅基地使用权分配的农户"情况下才可以转让。这样就使得宅基地使用权无法通过合法途径让渡给集体外组织成员，离乡农民不得不无奈地"闲置"宅基地。

3）农民退出集体时自由处理其拥有的土地财产权。根据中国现实情况，农民转变为市民是以牺牲其"承包权和宅基地"为代价的，这其实是对农民财产权的一种剥夺，是中国农村土地制度不完善的体现。集体成员权的无偿退出，使得农民不愿意放弃其附属于土地的相关财产权利，其他想加入本集体的成员也不能顺利取得相应的土地权，所以，需要处理好农民退出集体后的土地财产权问题。农民权益保障机制的完善要求集体成员退出时，其土地财产权不能仅仅以户口的迁出为由而自动消失或被集体无偿收回，在不损害集体利益的前提下，农民有权利自由处置以集体成员身份取得的土地财产权，也可以自由让渡其拥有的全部或部分土地财产权，或者是保留其土地财产权，指定代理人行使相关土地权利与义务。其他新增成员或者想加入本集体的外来成员可以通过与退出成员进行协商交易，取得其集体成员权，享有集体土地财产权利。考虑到信息不对称、农民自身知识缺乏等因素，可以建立农村土地评估机构，科学评估土地产权流转价格，并组建相应中介服务组织规范交易流程。

3.3　农村宅基地使用权流转

当前，在以统筹城乡发展为主要特征的经济社会发展过程中，大量的农村劳动力通过各种途径转移到城市，农民市民化已经成为这一过程中的一个重要特征。而随着城乡统筹发展战略的推进和深入，城乡人口结构变动将更加显著。其中，城乡人口结构的变动引发的城乡居民占有的宅基地面积二者存在着明显的结构失衡。一方面表现为农村人口的相对甚至绝对地减少；另一方面农村宅基地却呈现出总面积与人均面积双增长，"空心村"、空置住宅依然存在，超标占地现象较为普遍等。这种一减一增的状态深刻反映了当前我国城乡人口变动与城乡住宅建设用地的矛盾，极大地阻碍了我国统筹城乡发展中的城市化与新农村建设战略的实施。有效推动农村宅基地的使用权流转不仅十分必要，而且迫在眉睫。本书基于江西省20 世纪 90 年代以来农村宅基地的变动趋势及近年来农村宅基地使用权流转情况的分析，在再有基本制度框架下，尝试从技术路径或治理结构层次上构建我国农村宅基地使用权流转机制。

3.3.1　江西省农村宅基地使用权流转现状

3.3.1.1　江西省城乡人口结构与农村宅基地变动趋势

20 世纪 90 年代以来，江西省城乡人口结构与农村宅基地呈现出"一减一增"的变动趋势。一方面，江西省农村人口在逐年减少。江西省农村人口（主要指居住在农村的人口）从 1997 年的最高峰 3099.31 万人开始逐年递减，2007 年农村人口为 2629.79 万人，2016 年农村人口为 2153.8万人，2007 年与 1997 年相比，农村人口减少了 15.2%，与 2007 年相比，

2016 年农村人口减少了 18.1%。另一方面，农村人口人均宅基地和农村宅基地总面积却出现双增长。《江西省统计年鉴（2008）》显示，农村人均住房面积 1990 年、2000 年、2005 年、2006 年、2007 年和 2016 年分别为20.58 平方米、27.82 平方米、34.41 平方米、35.91 平方米、36.78 平方米和 54.2 平方米，从 1990 年至 2007 年，全省农村住宅总面积也呈递增趋势，仅 2007 年与 2000 年相比，全省农村住房总面积增长了 32.%（2007~2016 年处于比较稳定的状态），这一减一增的状态深刻反映了江西省统筹城乡发展中的矛盾和困境。表 3-1 描述了江西省人口变动与农村宅基地变化的基本情况。

表 3-1　江西省农村居民主要年份住房及人口变动基本情况

年份	人均住房面积（平方米）	全省住房总面积（平方米）	农村人口（万人）
1980	9.09	251075026	2655.6
1990	20.58	638441712	3035.17
2000	27.78	891372031	2999.81
2005	34.1	1083782909	2711.77
2006	35.91	1141367677	2660.75
2007	36.78	1177712666	2629.78
2016	54.2	1167359600	2153.8

注：江西省主要住房总面积是根据人均住房面积与农业人口（农村户籍）而不是与乡村人口相乘而获得，主要是出于这样的分析：在我国的现行法律规定中，农业人口是获得农村宅基地的最主要根据，但是并非所有的农业人口都居住于农村，居住于农村的人口实际上是指乡村人口。

3.3.1.2　江西省农村宅基地使用权流转现状

随着统筹城乡发展战略的不断推进，农村宅基地流转问题及区域间建设用地的矛盾更加突出，从前几年江西省各市（区）、县的农村宅基地流转情况看，总体情况可概括为"一扬一抑"。

（1）"扬"，是指区域内（主要自然村内部或行政村内部）宅基地使用权流转初见成效。江西省各市（区）、县高度重视农村宅基地的管理，制定了严格的农村宅基地管理制度，这些制度有效地控制了农村宅基地的增长速度，积极推动了各乡村（主要指自然村）内部的宅基地的流转。根据笔者掌握的信息，2007~2009 年，安义县在 276 个自然村实施新农村建设，解决了 2300 余户村民的建房用地，户均节约用地 60 多平方米，节约率达 40%；整治"空心村"和整体搬迁老村宅基地，退村还耕土地 300 多亩。其中，鼎湖镇榨下村在新农村建设中，向村内挖掘用地潜力，通过两年多村庄改造，共拆除低矮、潮湿、破旧的房屋 103 幢，盘活闲置宅基地 50 亩，重新安排 48 户村民建新住宅，并在盘活的旧宅基地上建起了村民健身体育活动场。然而，我们看到，乡村内部的宅基地使用权流转是非常不全面的。首先，流转的宅基地使用权主要是在新农村建设的规划和整治中被界定为超标部分；其次，即使盘活了部分闲置宅基地，仍主要是在乡村（自然村）内部，而这一部分闲置宅基地几乎是"无主"（历史上形成）宅基地，对于那些占更大比例的"有主"不超标的闲置、空置宅基地使用权却无法实现有效地流转或置换。

（2）"抑"，是指城乡之间及区域之间宅基地使用权流转或置换仍处于探索阶段。从目前情况看，江西省农村空置、闲置的宅基地置换为城市建设用地的个案很少，仍处于探索阶段。综上所述，江西省农村宅基地使用权流转在区域内取得了初步成效，但"有主"空置、闲置宅基地在可用于流转的宅基地中占有大部分，根据我们 2016 年初对相关居住村的调查和粗略统计，这一比例超过 60%。这一部分宅基地使用权运行中有两个特点：①宅基地主人对宅基地享有法律规定的所有权利；②缺乏资产性功能。这两个特点决定了这一部分宅基地使用权很难实现有效流转，更谈不上置换成城市发展的建设用地或区域间流转，然而，这一部分宅基地却是统筹城乡建设中处理住房建设人地矛盾的主要对象。

3.3.2　江西省农村宅基地使用权流转陷入困境的原因

前面描述了江西省农村宅基地使用权流转的现状及其流转困境，即农村空置、闲置宅基地难以转换成城市建设用地或难以实现区域间流转。那么，什么因素阻碍了空置、闲置宅基地在城乡或者区域间的有效流转或转换呢？首先，我们认为，"产权"这一因素是一个重要方面，但又不是问题的全部。一般意义上讲，产权明晰是保障资源配置的前提。从产权经济学的角度分析农村宅基地流转，无论宅基地使用权及相关发展权（如资产权）及交易如何得到发展，如果没有正式的产权制度，其实际的效果必然会受到影响。同时，因为宅基地产权的不完整，宅基地使用权应有的正外部性损失严重，城市化进程中的郊区农村宅基地价值上升，但农民并没有获得相应收益。其次，因为宅基地产权的不完整，也造成了宅基地使用上的浪费，如多占、空置、闲置等。因此，从正式制度层面上明确界定宅基地产权是极其重要的，也是宅基地实施有效流转的前提。这一因素被普遍认为是影响农村宅基地流转的核心因素，也是江西省农村宅基地流转陷入困境的重要因素。

然而，当前我国现有的农村宅基地的产权制度及其使用权制度依然饱受争议，也存在不足，需要进一步厘清和完善，但法律已明确地界定了农村宅基地的相关权利，即产权。如《中华人民共和国宪法修正案》（2004）第十条规定：农村和城市郊区的土地，除由法律规定属于国家所有的以外，属于集体所有；宅基地和自留地、自留山，也属于集体所有。国家为了公共利益的需要，可以依照法律规定对土地实行征收或者征用并给予补偿。任何组织或者个人不得侵占、买卖或者以其他形式非法转让土地。土地的使用权可以依照法律的规定转让，一切使用土地的组织和个人必须合理地利用土地。宪法的这一规定对农村宅基地的所有权给予了明确界定，既规定了宅基地所有权的归属——集体所有，也规定了宅基地所有权转让的限制。但是，对于宅基地使用权的规定却并非是限制的。《物权法》明确规定：农村宅基地使用权人依法对集体所有的土地享有占有和使用的权利，有权依法利用该土地建造住宅及其附属设施。《土地管理法》第六十二条规定：农村村民出卖、出租住房后，再申请宅基地的，不予批准。

不言而喻，相关法律对农村宅基地相关权利的若干规定是明确和清晰的，因而，从治理或操作的角度看，农村宅基地使用权流转陷入困境并非主要是其产权存在问题。那么，究竟是什么原因影响了农村宅基地使用权的有效流转呢？我们认为，江西省农村宅基地使用权流转陷入困境在很大程度上是缺乏一种有效的技术路径。因为，实践中我国某些经济发达省市如深圳市宅基地使用权流转、置换也是在没有改变宅基地产权性质基础上取得了很好的成效。因此，要改变农村宅基地流转现状，目前看来，首先要做的不是改变农村宅基地的产权性质，这种思路不仅不符合国家的主流意识，而且要改变现有的农村宅基地产权结构和相关法律规定，还可能会威胁农村土地集体产权，其制度变迁的成本肯定更大。可见，技术路径（机制）的创新是江西在今后一段时期内有效推动农村宅基地使用权流转更为现实的选择。这种创新是在不改变农村宅基地现有产权性质和基本法律安排的前提下，寻求的一种替代产权变革且成本较低的制度安排，并且能够取得与产权改革相仿的制度创新绩效。也正因为如此，本书研究设计的机制还处于初级阶段，这一机制还有待于正式制度做出相应改革之后进一步深化。

3.3.3　农村宅基地使用权区域间流转的总体思路和机制构建

3.3.3.1　指标流转是农村宅基地使用权

之所以将总体思路设计为指标流转，主要是由农村宅基地的特殊性质所决定的。首先，农村宅基地集体产权性质不易改变。由于我国相关法律的规定，城乡包括农村宅基地在内的土地分别属于国有性质和集体所有性质，这两种性质的土地在法律规定上是很难打通的，集体性质的土地只有被国家征收以后才可以转变为国有土地，才可以转变为城市建设用地。因此，在法理上，我国农村的宅基地使用权是不能以个人名义转变为城市建设用地的。这是农村宅基地使用权置换为城市建设用地的制度障碍，而指标流转的技术设计突破了基本制度层面的障碍。其次，宅基地不像其他商品可以实现异地转移，但它的使用方向可以根据法律规定给予转换。最后，宅基地使用权流转本身不是目的，其主要目的是控制宅基地增长、消除宅基地空置或闲置，解决城乡建设用地的结构性矛盾。因此，指标流转是一种控制和调节宅基地使用权的有效工具和杠杆。

指标流转（主要指农村宅基地使用权指标置换成城市建设用地）的基本思路和逻辑过程是：各级国土资源部门分别对各市、县的农村宅基地进行初次即重新的合法性审核，在此基础上，以市场手段将宅基地使用权置换成城市建设用地。其具体思路是可由农村进城定居人群自愿提出将其农村宅基地使用权置换出来，换取进入城市的通行证（临时户口），此证跟人走，不能转让（主要是保障相关人的权益）；有此通行证可享受城市居民同城待遇，可申请经济适用房和廉租房，当然，获得此证者不再拥有获取农村宅基地使用权的权利。置换完成后，城市增加住房建设用地，农村则再将置换出来的宅基地转变为可复耕的土地，或者将该部分农村宅基地转让给在该村（乡镇）范围内符合条件需要新建农村住宅的其他农民（受让的农民也就自动取消了新建指标，避免占用新耕地）。

指标设计时应注意三个问题：一是指标分配的合理性。合理性，主要指不同区域的指标分配所包含的数量（即宅基地使用权面积）是不同的，这种差别主要由某地的人地比所决定，这种差别指标也是保证农村宅基地使用权有效流转的基本前提。二是要合理评估不同区域宅基地指标质量（价值）的差别，即指标的公平性。由于不同区域的农村（主要指与市场的距离）宅基地存在质量的不同，其宅基地使用权的资产性功能也不同，即由于不同区域的发展存在着较大的差异，以及相关农村宅基地与城市的距离的不同，宅基地使用权的升值空间也大不相同。因此，从宅基地"质"（资产性价值）的角度，有必要根据实际情况，对不同区域的农村宅基地以与城市距离远近及其该地区的经济发展水平为依据进行分类。有学者提出，设 A 类地区的相关面积单位宅基地的质量（价值）为 1，B 类同量面积宅基地的质量（价值）为 0.5，那么 B 类地区 2 个单位宅基地面积相当于 A 类地区 1 个单位的宅基地面积，等等，并以此类推。三是合理评估城市的级别，即将城市分成 A、B、C 等不同等级。上述评估有利于帮助不同城市建设用地与不同农村宅基地之间的指标转换率。这样，有利于保证宅基地流转的公平和效率。

3.3.3.2 宅基地使用权流转技术路径与机制设计

（1）流转程序设置。①无偿配额初始指标确定。由相关级别国土资源部门成立专门机构并组织专家对各地农村宅基地进行分类评估并赋予合适的权重，在此基础上重新确定不同区域农户的宅基地使用权（无偿分配）面积，并颁发宅基地使用权证。②流转申请与评估。由宅基地使用者自愿向所在地方政府（主要指乡镇）有关部门提出宅基地使用权流转申请，乡（镇）有关部门受理申请后，组织有专业资质的第三方评估机构对其宅基地、宅基地使用权及其地上附着物进行评估。③审核与流转许可确定。县级以上土地管理部门根据相关法律及政策进行审核，做出是否可进行流转的裁定，并对可进行流转的宅基地使用权颁发《宅基地使用流转许可证》。④流转。对获得宅基地使用权流转许可的由农民所在地政府相关部门或政府委托的第三方机构统一上市流转（或置换交易）。⑤宅基地处置。流转完成后，一是将指标置换为城市建设用地指标；二是再将流转后的宅基地转变为可复耕的土地；或者将该部分农村宅基地转让给在该村（乡镇）范围内符合条件需要新建农村住宅的其他农民（受让的农民也就自动取消了新建指标，避免占用新耕地）。⑥备案。对于本区域内各市或县内流转的宅基地使用权指标，可由该市或该县土地管理部门直接管理和协调；对跨市、县交易的宅基地使用权指标，对应的市、县土地管理部门还应建立土地使用交易协查机制，以确保土地的总量控制，并在相关国土资源部门备案。

（2）流转机制设计。当申请宅基地使用权流转的农户获得宅基地使用权流转许可后，该宅基地使用权进入宅基地使用权流转市场，但是，该农户的宅基地使用权并不是以个体身份进入流转市场，它必须由农户委托政府相关机构或政府委托的第三方机构帮助其进行流转。这种对进入流转市场的规定源于三个理由：一是符合宪法及相关法律的规定；二是有利于宅基地使用权的统一治理和掌控；三是有利于农户权益的保护。宅基地使用权通过政府相关部门或第三方机构进入市场可选择不同的流转机制。①以配额为基础的交易机制。在该机制下，采用总量管制及其区域（市、县）间余缺交易的管理和交易模式，相关省、市、县所购买的宅基地使用权配额是在限额与市场机制下由管理者确定和分配（或拍卖）的，即相关政府。如果指一个省区域内，则省政府主管部门设置市、县宅基地使用量的上限，受该体系管辖的每个市、县将分配到相应数量（存在区域差别）的"分配数量单位"。在规定时期内，如果一些市或县宅基地使用数量低于该分配数量，则剩余的"分配数量单位"可由相关部门通过宅基地流转市场有偿转让给那些实际使用量高于相关规定分配量的，从而获得相应的收益。反之，则必须到市场上购买超额的"分配数量单位"；否则，将会受到重罚。而对于出售指标的区域则不能重新获得相应数量的数量指标，这一机制适应于地区之间的宅基地使用权指标的调节。②以项目为基础的农村宅基地使用权流转机制。房地产开发商与辖区内相关政府或农村集体组织联合履约是主要的流转形式。这是一种行政区域内城乡之间基于城（镇）市住宅开发、农村住宅改造以及新农村建设等项目合作的机制，其运作基础是由房地产开发商帮助农村进行住宅改造后，使农村的宅基地在配额范围内得到进一步的节约（配额内另外节约的宅基地面积），并获得本部分宅基地的使用权，再将此部分宅基地使用权转（置换）为在城市开发同量土地的权利。其使用方向，可直接用于（或抵消）低价购买城市房产开发地的相对的量，即在农村节约多少，在城市低成本开发多少。这种合作（交易）机制既给予房地产开发商在辖区范围内任何地方降低房地产开发成本的选择机会，也给予农村宅基地整理、节约用地、新农村规划和建设的资金和技术支持。

3.3.4　在机制构建中需要进一步说明的问题

本书研究构建的农村宅基地使用权流转机制虽然是粗线条的，给决策者提供的也仅是一种思路，还需要进一步地细化。但是，这种机制设计的优点非常明显：①避开了以前关于宅基地流转制度构建的主义之争，即所有权之争，使改革既符合国家的主流意识，又满足农村宅基地使用权城乡及跨区域流转、置换的实际需要。②消除了对农民的政策性排斥，维护了农民的根本利益（特别是享有土地的资产性收益）。③妥善处理好了农村土地集体所有权及所有权中的"成员权"与宅基地使用权分离的问题。④既能有效控制农村宅基地的规模，又能盘活农村宅基地的使用方向。

需要说明的是，目前农村宅基地使用权不易全面实施城乡流转。在二元户籍制度、农村社会保障体系尚未完全打破的情况下，宅基地如同分配的耕地一样，它们的福利性和保障性对农民而言仍具有重要的意义。如果在这种情况下强制性地实行农村宅基地使用权全面、充分流转，宅基地置换后那些未获得城市保障待遇的失地农民可能出现"无房可住""无障可保"的局面，这是难以承受的改革成本。因此，流转的空置、闲置的宅基地主要包括两类人群：第一类，仍为农村户口但在城市已有较稳定的工作，经济状况较好，已在城市买了商品房，但他们在老家农村仍有合法宅基地指标。第二类，农村户口，在城市有较稳定的工作，经济实力较弱，无力购买商品房，他们在城市只能通过租住城乡接合部的低价房、工作单位提供的住房或通过其他方式来解决，工作单位提供的住房一般都与工作岗位有关，非长久的，不是稳定的住房保障，因此他们不得不保留老家农村的住宅。这两类人群，由于他们已有一定的经济实力和市民化的条件，所以在坚持自愿、公平、正确引导的原则下，如果政府能够给予他们合理的宅基地退出补偿金或城市住房、医疗、教育等保障，在目前城市要素报酬和生活质量仍高于农村的背景下，这类人群一般愿意接受。

农村宅基地使用权流转机制构建是一项极为复杂的制度设计，还需要相关制度的联动改革才能顺利推进。①需要建立户籍、就业和社会保障等一系列制度与宅基地使用权流转制度的协调配套。②需要建立农民流入地城市如何接纳农民迁入的机制，不能搞"一刀切"，既要体现对迁入地的贡献，又要体现公平。③宅基地使用权的相关权益有待进一步厘清和界定，这关系到宅基地使用权出让者后期的权益保障问题。因此，在此基础上，要谨慎构建宅基地使用权流转后的利益分配机制。

3.4 余论：农民农地发展权权益问题

当前，国家（政府）规划用地也是农民农地财产权益实现中最突出的问题。在理论研究中，不论是农地产权公有论者还是农地产权私有论者，都强调国家在农地发展权权益的享有中居于主要地位，差别只是程度的不同而已。公有论者把农民在征地中的正当财产权益与国家利益对立起来，主张国家与农民争利；而私有论者也没能正视农民土地权益与国家利益的正常矛盾。因此，实践中的征地制度正是通过全面限制农民作为农地发展权主体分享土地增值收益来实现政府对土地增值的最大化诉求。随着农民对发展权诉求的增强，征地制度带来的社会矛盾越积越多，发展权诉求逐渐由经济权利上升为政治权利，甚至演化为农民群体性事件。其实，所谓农民与国家争利以及在征地中发生的农民与政府冲突行为，一是源于农地财产权权益界定的模糊，政府、农民的权利界限不清。二是政府自设征地范围和属性（公益和商用），导致假借"公益"用地之名多征地、乱征地、转商用，少给补偿，谋取暴利等现象普遍发生。一方面农民要为"公益"做贡献，另一方面又要为假政府之名义谋私利的行为买单，让农民陷入"公益"与"商用"的圈套中。三是某些地方政府采取以权势压人的征地方式，无视农民的正当权益。上述几个方面的政府偏好行为内化为农民正当农地权益与国家利益的矛盾与冲突，这是当前农民农地发展权权益难以得到保障的重要因素。

由于征地等主要（或直接）涉及的农村主体是农村集体（经济）组织，所以本书没有将"征地与农民的土地财产权的关系"纳入研究范围，在此只做一个简要的讨论。

第4章
"三权分置"下农民农地承包权有偿退出

自从第一次土地改革之后，我国农地的产权关系及土地政策不断地发生变化，对于土地流转的开放程度也由开始的禁止流转发展为有法律规范的流转，对这些相关农地权益进行梳理，有利于我们对"三权分置"下的农地产权结构进行分析。

4.1 "三权分置"下的所有权、承包权、经营权权益体系

"三权分置"是以农村集体土地所有权和承包经营权二权分离为基础发展而来的，形成了农村土地所有权、承包权、经营权三者的分离。可是，我国的法律并没有形成对这三种权利的明确清晰的界定和权能划分，因此，我国农村土地产权不明晰依旧是制约农村发展进步，影响"三农"问题解决的关键。

4.1.1 所有权与成员权

农村土地所有权、农村集体成员权之间存在着一种特殊包含关系，这种包含关系是在农民作为农村集体成员的基础上呈现出来的。

4.1.1.1 所有权主体

自"二权分离"时代一直到现在的"三权分置"时代，我国农村土地都是集体所有制，坚持农村土地集体所有是"三权分置"下农地产权制度的根本前提。"三权分置"下的所有权是农村集体对农村耕地、林地、水域、集体建设用地（宅基地）和其他用地的依法拥有占有、使用、收益、处分等的权利。所有权归集体所有，但实质上，一直以来我国法律对"集

体所有"的具体所有主体是谁没有统一明确的界定，如现行的法律、法规中使用了如下类似的称谓：集体、农民集体、集体经济组织、农村集体经济组织。《土地管理法》将"集体"界定为"农民集体"，并把"农民集体"等同于"村集体经济组织或村民委员会、集体经济组织或村民小组"。2007 年颁布的《物权法》规定，"农民集体所有的不动产和动产，属于本集体成员集体所有"。因此，农村集体和集体成员之间实质是一种"委托—代理"的关系，农村集体实质是农村土地所有权的代行主体。农村土地集体所有制实质是集体土地公有制基础上的农村集体成员个人的所有制。农民集体所有权的目的就是要实现本集体成员的利益，属于农村集体所有的农地所有权会在个人集体成员中发生第一次分配派生出"成员权"，在弄清楚所有权的权利内容前，理解农民的成员权内容是十分有必要的。

4.1.1.2　成员权主体与权益

同样，我国现行法律下并没有对农民的成员权进行过多的介绍，成员权首先具有身份的限制，即必须是农村集体成员，其次代表着集体成员在集体中享有的各种权利和承担的义务，具有财产权的属性。日本学者丸山英气认为，成员权主要是对全体区分所有权人的共同事务所享有的权利和承担的义务，它不是单纯的财产关系，其中有很大一部分是管理关系，具有人法（管理制度）之要素存在。所以，所有权权利内容包括集体成员的成员权和代行主体的代理权中的各项权益。根据现实情况来分析，成员权派生出一系列的权利：一是表决权，指成员对集体重大事项具有表决权，例如对迁入本村成员资格认定及对集体自主决策的农业生产制度的表决；二是对集体组织管理者的选举权和罢免权；三是对集体组织及其他成员的监督权，监督集体是否做出照顾成员利益的决策，是否履行公布集体财产状况的义务，以及其他成员对土地的利用是否合规；四是收益和占有权，体现为成员享有集体财产持分权、集体收益分享权、宅基地分配权、盈余分配权、征地补偿金分配权、集体福利获得权；五是承包经营权，成员权派生出来的成员对农地的使用、经营、流转的带有用益物权性质的权利；六是优先权和请求权，是指成员具有"四荒地"承包、集体股份受让、承包经营权流转等的优先权和请求权；七是退出权，即成员具有自主选择退出农村集体经济组织的权利，如迁移户口至城市，农民工转为城市户籍。其中，前三个派生权益具有身份权属性，后四个权益具有财产权属性，在此对成员权做区分，为下面梳理经营权和承包权打下基础。此外，集体成员应当承担一定的义务，包括接受并执行集体制定的政策和决议的义务；遵守农地的使用要求，不得进行与农业生产经营无关的行为；以及履行集体规定的其他事项的义务。

4.1.1.3 所有权的权利内容

农村土地所有权的权利内容应当包括集体成员权的内容以及所有权代行主体——集体组织的权利和义务。集体组织的权利在占有、使用、收益、处分等方面体现在以下几个方面：在占有权能方面，首先所有权的代行主体农村集体经济组织应当明确对集体成员资格的审核和确认，即只有具有农村集体成员资格的主体才能对农地享有占有的权利；在使用权能方面，表现为部分农村集体组织代表集体成员对自主决定的农业生产制度和农地流转做出符合集体利益的选择，由集体进行统一规划开发，统一经营管理；收益权能方面，主要表现为成员集体拥有获取土地征收补偿的权利以及成员集体统一经营管理农地获取的收益；在处分权能方面，主要表现为农村集体经济组织对农地的发包和回收。发包是指所有权的代行主体农村集体将农地发包给具有集体成员资格的农户，实质是赋予农地对集体成员的保障功能，也是成员承包经营权取得的前提。回收是指依照规定回收农户因农地承包期限到期或农户主动退出承包权而产生的承包地，为下一次发包做准备。除以上权能，集体经济组织还应当具有土地的监督权，《土地承包法》规定："发包方有责任监督土地的承包方对土地的利用行为，要监督其是否按照承包合同约定的用途利用土地，监督其有没有尽到保护土地的义务。"因此，农村集体要监督农地经营过程中撂荒、粗放经营等破坏农地的行为，监督农地的用途，保证耕地的利用效率，维持耕地面积，促进国家粮食安全。

综上可知，农村土地所有权应该包括成员的权利和义务以及集体的权利，其中所有权的权利内容如表4-1所示。"三权分置"下的所有权应当厘清集体和成员间的关系，让集体更好地发挥成员的利益和加强农业发展的作用至关重要。

表4-1 "三权分置"下的土地权利内容

权利内容	所有权（集体）	成员权	承包权	经营权
主体	农村集体代行主体，集体成员实质主体	农村集体成员（农村集体组织对其资格进行认定）	农地承包人（集体成员）	具有多样性，可以是本村集体成员，也可是非集体成员，如大型农场，农业公司

续表

权利内容	所有权（集体）	成员权	承包权	经营权
占有	集体成员资格的审核和确认	农用地、非建设用地（农村宅基地）等分配权	期限内对农地的控制，表现为自己生产经营及经营权流转合同到期后对农地的控制	自主经营决策权，表现为对农地的实际控制
使用	农村集体组织自主决定的农业生产制度和农地流转经营方式（做出符合集体利益的选择）、农村公共设施的使用	农村公共设施的使用，对承包用地的使用，宅基地的使用等	承包权主体自己在农地上进行生产经营活动	对农地的实际生产开发和利用
收益	部分土地征收补偿款以及成员集体统一经营管理农地获取的收益、农村闲置公用设施的出租的收益	集体财产持分权，集体收益分享权，盈余分配权、征地补偿金分配权、集体福利获得权，流转出去的承包经营权的收益等	部分征收补偿款的权力，如安置补助费、社会保障费	自主生产经营活动的收益，国家的农业补贴及部分征收补偿款
处分	农地的发包和回收	土地承包经营权的优先权和请求权自愿退出集体成员资格	流转期限到期对农地的收回、自愿选择有偿退出承包权或下一轮承包期内选择退地或继续承包	转让、抵押、担保
监督	监督土地的承包方或土地占有方对土地的利用行为	对集体和其他成员的监督	对农地实际使用生产行为的监督	监督农地转让方是否履行流转经营合同的要求
其他		身份权性质的权利，选举、罢免和表决权等	流转方式：转让、互换、赠与、继承	流转方式：转包、租赁、赠与

4.1.2　承包经营权、承包权、经营权的权能

承包经营权是在"二权分离"背景下产生的，以农村集体成员坚持农村集体土地所有制为前提，受承包合同约束下产生的对农村土地资源直接支配的权利，是由农民成员权派生出的权利。承包经营权是一种实实在在的物权，具有用益物权属性，包括占有、使用、收益、流转、处理等权利，流转方式主要包括转让、租赁、转包、互换、入股、抵押、赠与、继承等。"二权分离"为解决农民温饱、实现"农地农民用"和"均田承包"做出了巨大的贡献，是我国农地改革的伟大创举。但是随着城镇化、农业现代化、农村人口转移的现实因素的产生，我国"二权分离"的弊端日益凸显，即小格局的家庭农业生产无法满足我国对规范经营释放土地红利的农业要求。所以，促使我国农地产权制度的进一步创新，成为了承包权和经营权分离的现实要求。

由于承包经营权是一种独立的民事权利，"三权分置"下的农地承包权和经营权并不是简单地从承包经营权中独立出两个权利。要对承包权和经营权进行权能分析，应该从"三权分置"的目的和承包经营权的权能上来分析，并将两个权利进行重新构造。从上文可知，"三权分置"的一个目标是放活经营权，适应多样化的新型主体的发展，实现农业生产规范经营，确保国家粮食安全。因此，经营权是以承包经营权为基础，将农地的占有、使用的权利让渡给他人生产经营的权利，实质也是物权。这是一种新型的用益物权，只有这样，才能实现经营权的交换价值，即为流转经营权的农民创造更多财产性收益。农地经营权的权利主体不单单局限于集体成员，对于一些农业大户、农业公司等新型农业经营主体均可以是经营权的主体。这些多样化的主体实质为农地的使用权，这样的安排为实现农村土地规范经营提供了产权基础。经营权的权能表现为：一是自主经营决策权，体现为经营和占有上的权利，即可以在法律允许的条件下对承包地展开自主的经营生产活动。二是收益权，一方面表现为自主生产经营活动的收益，另一方面是国家的农业补贴及部分征收补偿款（如对于地上附着物、青苗的补偿费）。三是处分权，包括再转让、抵押担保等权利，此时经营权主体的处分权不受承包权主体的影响。分离后经营权的流转方式包括转包、租赁、赠与等。

"三权分置"的另一个目标是稳定承包关系。一个原因是只有农地的承包关系稳定，经营权的流转受承包期限的限制就有限，那些大型农场可

以减少经营的农地变动的风险，因而减少成本，提高粮食产量；另一个原因是农地对农民具有社会保障功能，对于那些离农农民来说，承包关系的稳定有利于他们自身的发展，可以起到补充性的保障或收益的作用。因而农村土地的承包权也是一种物权，在稳定农村土地集体所有的基础上，实际承包权的获取就有一个前提，即只有具有农村集体成员身份才能对农地进行承包。承包权的主体只有集体成员一类，并不像经营权那样多样化，然而这并不意味着承包权就是"成员权"。集体成员的"成员权"是派生于所有权的，成员权具有财产权性质的权益在农村集体和成员间进行合理的再分配进而形成了承包经营权，而农地的发包受让人将农地经营权流转后对农地的剩余控制权利表现为承包权。实质上承包权是承包地的承包主体将承包地的占有、使用和部分收益权让渡给经营主体后实现的集体成员对农地的承包关系。需要注意的是，若集体成员不将经营权流转出去而是自己经营，则此时农村集体成员所拥有的权利还是承包经营权，正是因为承包权的存在才赋予了农地的社会保障功能。

如图 4-1 所示，承包权的权能主要包括承包经营权让渡占有、使用权能后的剩余权能：一是土地流转权，是指承包权主体将经营权流转出去获取收益的权利，若不流转经营权，则这部分权益为自己进行农业生产而产生的收益；二是收益权，即获取部分征收补偿款的权力，如安置补助费、社会保障费；三是监督权，即承包权能应该对承包地是否合规使用进行监督；四是处分权，这是指承包权人应该在流转经营合同到期后将承包地收回以及享有自主选择有偿退出承包权的权利。承包权的流转包括以下四种方式：转让、互换、赠与、继承。值得注意的是，在现行相关法律的规定下，集体成员选择退出承包权，但没有将户口迁至城市的情况下，仍然具有农村集体成员身份，但是本轮承包期限范围内不得再继续享有承包土地的权利，在下一轮新发包的时候仍作为集体成员享有土地承包权；已将户口转移到城市的，就意味着土地承包权将永久丧失，并将永久性退出农村土地。

总之，"三权分置"农地制度创新是顺应我国现阶段大力开展经营权流转，稳定农民与农地的承包关系的内在要求，起到了农村土地产权明晰政策上的引导作用。只有农村土地产权明晰，才能为农民将手中拥有的土地权益置换成自身发展的收益提供可能。因此我们应该明确：①出台相关法律、法规对成员权内容及农村集体成员资格确认进行合理的界定和说明，以此减少农村集体成员与农村集体之间不公平的现象发生，这对保障农民个人的权益十分重要。②农民如果选择承包权退出并不意味着彻底地

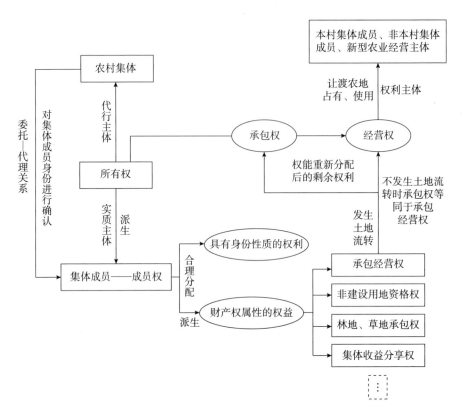

图4-1 "三权分置"下农地所有权、承包权、经营权、承包经营权的关系

退出了农地，此时农民的集体成员身份依然保留，还具有对林地、草地的承包权和农村非建设用地的资格权。对于退出承包权后的农民享有的其他权益该如何保障，承包权退出后是否还能继续进入等问题也需要有一个制度性的规定。

4.2 农地承包权退出的必然性与影响因素

4.2.1 农地承包权退出的基本含义

农地承包权退出是指作为集体经济组织成员的农民退还其依法承包的

集体的土地,一般指农民地。从权利角度看,即农民的"退出权"。农民退出集体后不再享受集体农地的占有、使用、收益、抵押等权利,同时也不再承担作为集体农地承包者的义务。农地承包权的退出也涵盖经营权的退出,特点是农民身份已经丧失,与农地相关的政策福利等一并解除,农地承包权的退出从本质上来说是农民部分成员权的退出。

4.2.2 农民农地承包权有偿退出的必要性

随着我国经济和城镇化的快速发展,越来越多的农民转移到城镇,并且逐渐有了稳定的收入和住处,农村土地不再是农民的经济依靠,相关农民退出农地承包权条件已成熟。农民农地承包权的退出,既有利于自身的市民化,更有利于乡村振兴战略实施。

(1) 人口大量转移造成的农地闲置制约了土地作为重要生产资源的作用,降低了农业生产率,不利于农业规模化经营的推进。大量的农村劳动人口转移,是因为以家庭为单位的农业经营模式给农民带来的收益有限,若选择外出务工,那么外出务工的工资是远远大于务农收入的。此外,农村人口外出学习也是促进农村劳动人口转移的因素,这些农村人口在外接受了教育,且投入了大量的人力资本,其根本就是要摆脱农业工作的性质,转变职业为自身职业发展打基础,并且选择非农业经营工作对他们而言能够尽快地补偿前期投入的人力资本。同时,选择退地的城镇化农民也能因自己的承包经营权资本化得到经济补偿,减轻了在城市生活扎根的经济负担,促进了城镇化的进程。如在重庆梁平的退地实践中,梁平县农业人口 72 万人,其中超过 4 成常年外出,务农农民平均年龄 59 岁。城镇化带来的大量劳动力转移造成了农村"空心化",地多人少且劳动力多为老年人,生产力低下,严重制约了农业生产效率。如图 4-2 所示,随着我国经济持续快速发展,近年来农民工数量庞大且保持逐年上升的趋势,并且有一半以上的农民工外出打工。这样的形势势必诱发农村生产力下降、土地生产率下降的问题。

(2) 土地退出是提高农业生产效率,提高耕地利用效率,保障国家粮食安全的必然要求。"三权分置"下,通过土地退出放活经营权促进土地流转,使得各种农业经营主体通过收集大量农地用于开展规模化经营,进而提高了农地生产效率和农民收入,提高了农业生产产值,释放耕地红利,有益于保障我国粮食安全。如在重庆梁平的退地实践中,农户退出的土地交由能够实行规模化农业、新型农业生产的单位或个人来经营,促进

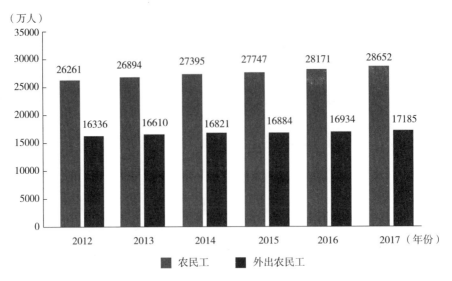

图 4-2 农民工与外出农民工

了农业规模经营的发展，增加了农业效益、集体经济收入和农民财产性收入。但是，现阶段我国土地流转面积与承包地相比依然占比很低。如图 4-3 所示，2016 年我国承包土地面积 13.6 亿亩，其中流转土地面积却只有4.7 亿亩，因此我国农地发展为规模经营依然存在很大的困难，这就为农村土地的退出提供了需求。

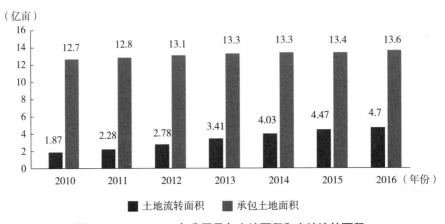

图 4-3 2010~2016 年我国承包土地面积和土地流转面积

（3）土地退出是推进我国农民社会保障制度发展的必然要求。从以上内容我们可以看到，一般而言，农民选择有偿退地，很大一部分的补偿要求来自退地后社会保障的实现，由此可见，通过退出土地承包权能解决很大一部分农民的社保需求，进而减轻政府的公共财政压力。如在宁夏平罗退地实践中，一部分年老农户可以选择养老保障的退出补偿方式。根据调查和文献资料显示，农民选择退出与否的一个很大考量就是"以地养老"，养老的需求是农民考虑的最重要的因素。通过退地补偿，或以一次性经济补偿的形式，或以养老保障的补偿形式，都能在一定程度上帮助农民获得有效的养老保障，对于现存的农民福利体系如低保会等是一个很好的补充。2017 年，农村居民人均可支配收入 13432 元，城镇居民人均可支配收入 36396 元，相差 2.7 倍。城镇职工人均养老金水平已达 20900 元，新农保为 859.15 元，两者相差 24 倍之多。如图 4-4 所示，农民的养老保险只依赖于城乡居民基本养老基金，其总支出只有城镇职工基本养老保险基金总支出的 7%左右。因此，社会保障必须向农村倾斜，才能照顾到更多困难群众。土地承包权的有偿退出有助于拉近城乡差距，使全体公民获得同等待遇。

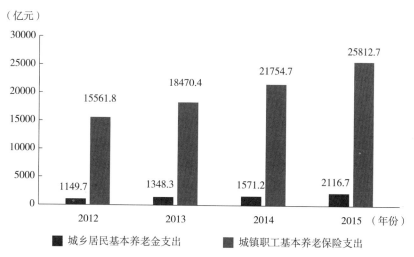

图 4-4 2012~2015 年城乡居民基本养老金支出与城镇职工基本养老保险支出

4.2.3 制约农村土地承包权有偿退出的因素

4.2.3.1 农民的意愿不强烈

在一个竞争的市场环境中，农户的行为是具有理性的，农户仍然是在一定的经济环境约束下追求收益最大化的个体（罗必良，2012）。作为理性的行为主体，在进行决策过程中往往受到个体内在和周围环境的外部因素的双重影响（蔡洁，2016）。具体到农户土地承包权退出的行为，除了受到"被访个体因素""农户家庭因素""交易市场因素"以外，作为生产资料的土地资源还会带来一定的效用与收益这一因素；我国城乡二元结构下社会保障制度的不均等性使农民的承包地具有一定的社会保障替代功能，因此在农户退出土地承包权时还应考虑农户社会保障的可得性因素。基于上述分析，通过问卷调查得出以下两个结论：

（1）农户农地退出意愿低。通过调查发现，在给予合理退出补偿的条件下，选择是否愿意、不一定及不愿意三个选项时，愿意退出农地承包权的占样本农户的 14.15%，不一定的占 30.19%，不愿意的占 55.66%。而在不给予补偿的条件下，愿意的占样本农户的 2.85%，不一定的占 33.96%，不愿意的高达 63.20%。

（2）农户实际退地行为几乎为零。调查发现，对于已经退地的农户来说，大多数是被迫选择退出的，只要其农村户口迁出，村集体就有权收回其承包权。主动退出的少之又少，基本为零。可见，农民农地退出意愿十分薄弱。

4.2.3.2 相关制度没有跟进

由上文提到的农村土地承包权退出实践效果并结合我国的农村土地情况，可以看出，制约我国农村土地承包权有偿退出的主要有以下四个因素：

一是土地地界界定不清等引发的产权不明。我国农地普遍存在面积不准、界限不清、位置不明的问题。目前，全国已经有 2545 个县（市、区），2.9 万个乡镇，49.2 万个村开展试点，完成确权面积 8 亿亩，然而仍有近 5 亿亩农地需要确权。明确的产权界定和分配是有效实施土地有偿退出的基本条件。但也有研究表明（主要指发达地），土地确权能对农户土地承包权退出意愿在一定情境具有负向显著影响；而在另一种情境下又具有正向作用。土地确权能促进土地流转的农户其土地承包权退出意愿越低，原因或为在当前农地权能实现价值多样化的条件下，农户对农地价值预期也越来越高。在农地产权制度改革的大背景下，农户对土地产权有了更深的了解，这也提高其对未来土地价值的预期，尤其是认为土地确权能促进土地流转的农户来说，对土地流转价值更多了一份期待；而认为土地确权能促进就业增收的农户，其土地承包权退出意愿越高。

二是缺乏合理的退地补偿定价方案。目前在我国各地开展的农地有偿退出实验中，补偿标准不尽相同，大多数都围绕着当地土地经营权流转作为参考,定价部分包含等效流转土地租金和村集体收益分红等。然而,自愿退出承包土地的农民还是占少数,反映出来补偿金低于农民的心理定价。我们认为首先是缺乏对承包权价值的正确评估,其次缺乏对难以资本化的效用的定价,如农民对土地的依赖感情和失去土地的不安感等,未来的定价政策应该把这一部分的补偿也计算在内。农民只要是认为退地更有利于他们今后的工作和生活,自然会做出理性的选择来退地。

三是缺乏合理健全的财政支持体系,土地承包权退出的顺利进行离不开一个有效的资金来源,不同地区在土地退出的探索中推行尝试了不同的措施和办法。如在四川内江的退地补偿方案中,补偿款共 80 余万元全部暂由区财政借支给村集体。类似的方案在农村退出土地面积大,经济欠发达的地区难以实施,因此应该在筹集补偿款的过程中,多探索其他渠道为退地补偿提供多元的经济担保,如与社会资本的合作等。政府应该引导国有金融机构,如国家开发银行等金融单位,设立土地退出补偿专项基金,对实施农地退出的村集体给予优惠的政策性贷款。同时,也可以鼓励其他金融机构进入到退地的补偿和后续使用中来,通过前期提供贷款补充退地补偿金,后期参与土地规模化经营分红等给退地补偿提供更加坚实的支持。在重庆梁平的退地补偿方案中,土地退出的补偿金来源于多方面的协商和努力,如梁平集体经济组织的自筹,金融机构的担保融资、新承包单位或个人的直接支付,政府的财政补助和借款等,取得较好的成效。

四是缺乏完善的农村社会保障系统的跟进。农村土地依然承担着农民养老、就业等作用,从社会保障着手是开展土地退出工作的有效方法。2014 年国家统计局发布的《全国农民工监测调查报告》显示,我国农民工参加养老保险、失业保险、医疗保险的比例分别只有 17.6%、16.7% 和10.5%。因为社会保障的缺乏,对大部分进城农民而言,农村土地和住房仍然有很强的生活生存保障功能,是他们在城镇定居一旦失败之后的退路,所以有相当一部分农民在退出承包土地上疑虑重重。尽管在一些农地退地的试验区,如四川内江,农民土地可以享受换取社会保障的权利,但是却又与直接经济补偿相互独立,农民选择了经济补偿就不能享受社会保障。未来可以考虑一次性经济补偿,外加城镇社会保障的综合补偿制度;也可以创新退出方式的选择,即农民退地不一定选择一次性退出,可根据承包期限选择阶段性退出方式如退出 10 年、20 年、30 年,以满足不同退地主体的需求。

4.2.3.3 农村自身的发展

农村发展满意度对农户土地承包权退出意愿具有显著负向作用。家庭联产承包责任制实行以来，我国农村面貌已经发生很大改观，农民共享改革开放成果的同时，有了更多的获得感，对农村发展的满意度也不断提高。同时，乡村振兴战略的实施，也让农民对未来农村发展有了更多期待。在此背景下，对农村发展满意度越高的农户，其土地承包权退出的意愿自然越低。

4.3 农地承包权退出的地方实践

在"三权分置"的条件下，我国已经有很多地方开始了农村土地承包权的退出试点工作，如成都、重庆、浙江、宁夏等地区，有许多经验值得总结。

4.3.1 宁夏平罗"插花安置"的农地退出实践

4.3.1.1 基本情况概述

近年来，宁夏实施生态移民工程，决定用五年时间从西海固地区移民100万人，基本上是推行整村搬迁模式。平罗县是农业大县，总人口为31.2万人，其中农村常住人口占总人口的47%，土地仍然是他们赖以生存的根本，显然推行整村搬迁模式不适合平罗县这种农村常住人口偏大的地区。2013年初，平罗县制定了《农民宅基地、房屋、承包地收储参考价格暂行办法》《农民集体土地和房屋产权自愿永久退出收储暂行办法》，并由县人民政府出资500万元设立农村土地和房屋退出收储基金，启动了农村土地和农民房屋收储以及集体经济组织的收益分配权退出政策。

4.3.1.2 基本操作

宁夏平罗将土地退出和农民搬迁安置有机结合，集中搬迁安置经费对退地农民进行一次性补偿，然后将退地农民"插花"一样安置在现有的村组，也被称为"插花安置"。"插花移民"有所不同，是将困难地区的居民分散安置到生产生活条件良好、闲置土地、宅基地比较多的村落。

同时，土地退出的经济补偿根据土地性质的不同进行了区分，同时退出方式针对不同需求的农民也有多种选择。针对农地，按照地理位置、土地肥沃度和区域平均土地流转价格，平罗县农地分为三个区域，每个区域内的土地又分为三级。不同区域和不同等级的土地补偿价格不一样。一类区域分别为 600 元/亩、500 元/亩、400 元/亩；二类区域分别为 550 元/亩、450 元/亩、400 元/亩；三类区域分别为 450 元/亩、350 元/亩、300元/亩。针对农村宅基地，按照区域划分。标准面积（270 平方米）的宅基地的补偿价格分别为 10000 元/亩、9000 元/亩和 8000 元/亩。超出标准面积的部分按照经济用地标准补偿，为 10000 元/平方米，上限为宅基地价格的 40%[①]。针对农村房屋，按照建造年限和建筑结构划分。2010 年以后建造的砖木结构房屋的补偿价格上限为 700 元/平方米。2010 年之前建造的或没有取得产权的房屋，折价收购。退出土地和房屋的农民同时自动退出集体收益分配权，村集体组织一次性给予补偿。补偿金额标准为：二轮承包剩余年限乘以当年人均分红。退地方式主要有三种：①退出部分农村产权，对已进城居住且有偿退出宅基地和房屋的，保留土地承包经营权和集体收益分配权，占退出农民的 15%；②退出全部农村产权，且放弃集体经济组织成员身份，占退出农民的 5%；③退出宅基地、房屋和部分承包地，按退出承包地面积核减家庭成员中应退出集体经济组织的权益人，占退出农民的 80%。完全退出农地的还是占少数。

通过"插花安置"，平罗县共退出土地 11280 亩，交易额达 2.47 亿元，农民年人均增加财产性收入 386 元。由此可见，"插花安置"的做法与整村推进的移民搬迁模式相比，"插花安置"成功实现了"四下降两提高"，即安置成本下降、生产成本下降、管理成本下降、服务成本下降及资源利用率提高、移民生活质量明显提高。

4.3.1.3　启示

宁夏平罗的退地实践有所成效，但是仍然存在以下问题：①平罗县仍然存在大量的老年人口，农村常住人口中女 55 岁以上、男 60 岁以上老人占到了 21.8%，如何让农民手中的土地发挥最大效益，让农村留守老人老有所养，是难以摆脱的现实问题，更是亟待解决的社会问题。②部分新型农业经营主体没有严格进行准入把关，造成经营规模和其经济实力、经营能力、管理水平不符，导致生产经营投入不足，经营管理水平较低，优势特色产业不突出，经营效益不高等问题，既影响了现代农业发展，又给农民造成了一定损失。③虽然通过政府出资购买以"插花安置"移民的方式，盘活了部分农村闲置房屋，但还有大部分房屋处于闲置状态，农民退出承包权后宅基地闲置率较高，仅高荣村 7 队 94 户人家中就有 18 户居民房屋闲置，68 户居民房屋半闲置。④这样的收储操作不具备持续性。收储

[①]　http://www.yidianzixun.com/article/0HDAzJT7.

的补偿款主要来源于自治区政府提供的安置资金，后期面临的资金短缺问题造成大量承包地仍然未被收储。⑤定价机制不够合理。退出承包经营权的补贴依赖于二轮承包剩余年限决定，随着第二轮承包期的临近（2027 年左右），追求最大化收益的农民可能会等第三轮承包后再退出，而这会抑制农民的土地退出意愿。⑥退地模式太单一。平罗强调永久退出，一旦退地，农户将无法重新获得承包经营权。⑦与集体经济组织成员权捆绑，按退出承包地面积核减家庭成员中应退出集体经济组织的权益人。一旦退地，将自动退出集体经济成员权并丧失其带来的权利和福利。然而土地的承包经营权与集体经济组织成员权是相互独立的权利，这样做属于一种权利的侵犯，其合理性有待考量。

4.3.2　四川内江"三换模式"的农地退出实践

4.3.2.1　基本情况概述

内江市市中区属于典型的丘陵地区，农村发展面临人多地少、产业基础薄弱、资金投入短缺、村民增收乏力等问题。内江市辖 3 县 3 区，有 115 个乡镇，共有农户 108.88 万户，农村劳动力总数 200.16 万个，外出务工劳动力 119.82 万个。现有集体耕地面积 246.85 万亩，其中实行家庭承包经营的耕地面积 234.62 万亩。据调查统计，2016 年底，全市承包耕地撂荒面积 2610 亩，占承包耕地面积的 0.1%。针对农村人多地少、地块较为分散、劳动力大量外出、耕地撂荒、村民增收乏力等问题，四川省内江市市中区紧抓推进全国第二批农村改革试验区机遇。

4.3.2.2　基本操作

内江市建立了相对严格的退出资格审查机制，即符合农民自愿申请、土地权属明晰、家庭成员意见一致，退地者有稳定就业、有固定收入、有养老保险等条件限制的农民方可提出退地申请。通过设立退出前置条件和进行多重审核的办法将退地人群范划至一个范围，从而在一定程度上控制了退地的风险。内江开展承包经营权的退出有两种方式，即一次性退出和长期退出。长期退出是指承包经营权在此轮退出，但是成员身份仍然保留，可以在第三轮发包中承包。其有偿退出机制，总结为"三换模式"，指的是退出承包地换取现金、股份、保障。

退出换现金指的是对退出土地承包的农民给予一次性的经济补偿，补偿价格参考当地的土地流转价格 500 元/亩/年。该机制根据退出期限的长短分为两种情况：第一种情况是针对永久退出的，按照 2 倍的土地流转价格以 30 年计算,给予 3 万元/亩的补偿;第二种情况是针对长期退出的,即在二轮承包期内退出的,按照 1.7 倍土地流转价格以 14 年,即二轮承包剩余年限计算,给予 1.19 万元/亩的补偿。退地农民留有选举权、宅基地使用权和集体资产收益分配权。退出换股份指的是退出土地承包的农民享有集体经济组织的股份和分红。农民将承包土地退还给村集体,村集体将土地流转市场价格乘以退出年限折算为其在集体经济组织中的股份。村集体经济组织将退出的土地集中整理后,流转给农业发展公司开发农业休闲旅游项目。通过这种机制,退地农民平均每年分红达 1700 余元,相比之前农业生产提高了 300 元以上。同时,退地农民享有再承包权,即使在集体经营失败之后,退地农民可以再次承包土地。此举为退地农民留了一条后路。退出换保障指的是针对贫困户、低保户以及高龄农户,退出土地承包经营权以换取社会保障。通过"三换模式",该区 304 户农民退出土地达416 亩,推进了该区的规模化生态种养业、农业与旅游业的发展。

4.3.2.3 启示

总的来说,内江的退出模式设计了一次性退出和长期退出两种退出模式,并提出保留退地农民的其他集体成员权利,减弱了部分农民的担忧,土地依然可以作为退地农民的保障,这种模式为其他地方的退出机制设计提供了借鉴。然而,实际操作中,多数农户选择了长期退出的模式,相比土地流转并没有很大的优势,并没有从根本上解决土地经营权流转想要解决的土地闲置和城镇化的问题。

内江对退出的土地实施土地整理和产业配套,并通过财政支持的方式解决了集体经济组织面临的困境,保证了集体的长期收益,但是内江模式对退地农民的补偿主体主要是政府等公共部门,这大大加重了政府的压力,推行起来十分艰难。另外,薄弱的集体经济现状也给偿还政府的退地补偿借款带来风险。目前内江仅有 304 户农民退出土地,总计 416 亩,仅占撂荒面积的 16%。因而退出补偿机制的设计依旧不够合理,农民退地补偿应该开展多方共同承担机制。

4.3.3 重庆梁平"退用结合"的农地退出实践

4.3.3.1 基本情况概述

梁平县农业人口 72 万人,其中超过 4 成常年外出,务农农民平均年龄59 岁,农户承包土地面积 97.3 万亩,2015 年第一产业比重为 14.9%,远高于 9.0% 的全国平均水平。近年来,随着大量农村人口向城镇迁移,梁平县土地流转面积不断增加，农业经营主体日益多元化，规模经营逐步发展。截至 2016 年 6 月底，全县土地流转总面积为 49.3 万亩，流转比例达50.7%，比全国平均水平高出约 15 个百分点，经营土地面积 100 亩以上的家庭农场、农民合作社、农业企业等新型农业经营主体 355 个，现代农业蓬勃发展。为什么在这种条件下，还需要推进梁平县的土地退出，这是由于农地流转费用增加与不确定性决定的。一是规模经营受阻，农业的盈利空间被不断压缩，愿意流转土地、从事规模经营的人越来越少。但农民向城镇迁移的步伐并没有放缓，因此耕地撂荒现象日渐增多。二是农业投资受限，已经迁入城镇或出租承包地的农户，不从事农业生产、不关心土地产出，显然不会向农业投资。2015 年，梁平县坚持"为进而退、以退促进"的原则，制定出台了《农村土地承包经营权退出试点实施办法》《农村土地承包经营权退出周转金管理办法》等文件，开展土地承包经营权退出试验。

4.3.3.2　基本操作

退地实践的首要任务是明确退地农户前置条件，严格执行退地程序。土地退出分为法定退出和自愿退出两种形式。法定退出必须是承包方全家迁入本集体经济组织以外的农村落户，在新户籍地取得承包地，或农户整体消亡，以及法律、法规规定应当收回的其他情形。自愿退出要符合有稳定职业或收入来源、在本集体经济组织以外有固定住所等条件，部分退出面积不超过家庭承包总面积的 50%。

重庆梁平注重土地退出与利用相结合，让市场来决定退出的价格，退出的形式和退出土地的用途。退出方式主要有三种：一是整户退出，减少因退地产生的家庭纠纷，同时便于村集体管理和利用，每亩一次性补偿1.4 万元。二是整片退出，通过直接和新的承包单位或个人协商，直接退出整片土地用于新的经济用途，同时达成退出补偿金的合约。在屏锦镇万年村退出 19.7 亩地的实例中，每亩一次性补偿 1.4 万元。三是整社退出，统一规划用途。在合兴镇原花园村退出 179 亩地的实例中，该村所有农地一起退出，统一出租，租金收益按退出人口均分。通过"退用结合"，梁平 101 户农民退出土地达 297.47 亩，引进经营主体 6 个，促进了农业规模经营的发展，增加了农业效益、集体经济收入和农民财产性收入。退出土地的农民被纳入就业创业政策扶持范围，在金融信贷、创业服务等方面给予支持；退地农民保留集体经济组织成员资格，仍可享受集体分红。

4.3.3.3　启示

梁平退地模式中首先值得肯定的是"退用结合"的方式，满足了不同地方及农户的差异化"退地"需求,因地制宜地找到发展方法。这类方式比较新颖,同时也能解决一部分农民退地后的损失,通过引进经营主体,使农业发展和耕地的使用效率也能相对提高,且给退地农民带来一部分补偿性收益。但是这一模式多采用一次性补贴的方式,因而农民退地后的后续权益和社会保障并没有很好地落实,这大大影响了退地机制的实施效果。其中,有的农村居民养老保险,每月养老金大多不足 100 元,距真正解决退地农民的养老问题还有不小差距。其次,农民的退地补偿金,在集体经济薄弱的现实情况下很难一次性到位,如川西村九组退地的 15 户农民共需要周转资金 110 多万元,然而由于前期只筹集到 40 万元,只好分成两批来退。最后,获得土地承包经营权的转包业主同时也获得集体经济组织成员权,与宁夏平罗的退地实践一样,存在着权利内涵扩大化,其合理性有待商榷。

针对上述退地实践,本书进行了梳理,如表 4-2 所示。

表 4-2 各地退地实践比较

地区	退出模式	补偿方式	定价模式	资金来源	集体经济组织成员	能否再承包	社会保障
宁夏平罗	永久退出	一次性补偿或养老保障二选一	参考不同等级的土地流转价格和退出时长	政府搬迁收储基金	大部分丧失	不能	养老保障*
四川内江	永久退出和长期退出	一次性补偿或股份	参考固定的土地流转价格和退出时长	政府借款	保留	能	无
重庆梁平	永久退出和长期退出	一次性补偿或者分配租金收益	固定价格	土地转包业主	保留	不明	无

注:*养老保障和一次性补贴只能二选一。

总之,构建一种畅通的农民退出机制具有重要的理论与现实意义。我国各地进行的农村土地承包权退出的探索为我国农村土地制度改革的深化积累了许多宝贵的经验,给予了我们许多启示:①坚持农民自愿的基本条件,防止出现"被退地"现象,减少因退地而产生的纠纷;②严格控制风险，坚持村集体对农地的所有权，维持一定的农业生产面积，保障粮食安全；③分区域、分程度进行土地退出，让第二、第三产业发达的地区先行探索退出机制，灵活采取终身退出和长期退出并行的策略；④积极引入市场管理机制，让市场为退地补偿定价，让市场影响退地供需；⑤完善社会保障机制，减少退地农民尤其是老龄人群的后顾之忧。

4.4　土地承包权有偿退出的实现机制设计

本部分以机制设计理论为指导，设计一套合理的满足农民利益追求的土地承包权有偿退出机制。农民土地承包权有偿退出机制应该包含机制原则确立、机制设计思路、退出机制的激励与实现、农民退地后的权益保障四个方面的内容。

4.4.1　土地承包权退出机制的原则

根据之前对我国一些地区农村土地退地实践的分析，可以知道农民选择退出土地其实就要求正确地处理农民与农村集体和农村土地之间的关系，既要降低农民对土地的依赖程度，也要保障农民的合法土地权益。我国实施农村土地改革时，必须将农民工市民化与农民退出土地承包权同时推进，这是协调城乡发展、促进农地合理利用的重点。基于此，土地承包权退出机制的原则应该包括以下几个方面：

（1）农民自愿、有偿补贴原则。退地农民是农地承包权享有的主体，首先在行使承包权的退出权利时，必须是自愿的行为。在市场经济条件下，违背农民的意愿，依靠行政的手段强行要求农民退地推进城镇化与农民市民化的进程，不仅损害农民的合法权益，也与市场化改革的价值取向背道而驰。其次依据行为经济理论，农民作为"理性"经纪人，会在外部条件和自身条件的限制下追求土地效用价值最大化，从而做出退地决策，即退出承包权的预期收益大于拥有承包权收益时，农民选择退出承包地有利可图，所以选择退出。换句话说，农民退出土地承包权，放弃自己所有拥有的土地权益，只有将产权转化为收益，对退地农民进行额外的补偿，农民才会放弃承包权。农民自愿、有偿补贴原则是构建土地承包权退出的基础。

（2）政府引导，市场主导，多方主体共担有偿退出补偿费用的原则。实现承包权的有偿退出，必须最先确立补偿农民承包权退出的实现主体。根据之前笔者对我国一些地区的退地实践分析，可以得知在土地承包权退出补偿方面的现实操作中，政府往往承担大部分甚至所有的补偿费用，大大加重了公共财政支出。这样的分摊机制常常是没有高效率的，例如四川内江和重庆梁平在退地补偿的实施过程中均出现了政府不足以支付退地农民的补偿款或者不能够一次性支付的问题。因此，在分析有偿退出费用的分摊问题时，建议采取多方主体共担补偿费用的做法。

补偿承包权退出的主体应当包括：①政府，政府应当在实现承包权有偿退出过程中发挥引导力量，且主要承担有序引导退地农民激励及退地后的保障工作。以往学者都认为政府要占主导作用，但是笔者通过分析退地实践的实施效果发现，政府若发挥主导作用，那么机制实施起来就很容易偏离确保农民利益得以实现的目标，从而影响机制的实施效果。所以笔者认为在农民有偿退出承包权的过程中，政府应当承担监管和政策指引的职责，发挥引导作用，确保农民退出的实现不偏离机制设计的整体目标。②市场，市场为经营权流转变现的场所，应当发挥主导作用。只有发挥土地流转市场的活力，经营权流转的价格才会透明化、公平化地作为承包权退出的一部分补偿，从而更好地引导设计合理的农民退出补偿机制，使农民的利益能在公平的市场环境中得以实现。③集体组织，集体经济组织作为承包土地的发包方，与退地农民协调相关事宜，在农民主动退出承包权时，集体经济组织也应该作为补偿承包权退出成本的主体。④企业，农民退出土地很大部分取决于在城市有稳定的工作和生活保障，因此企业也应当作为补偿退出承包权的分摊主体。⑤退地农民自身，土地承包权的退出很大程度上来说与农民工市民化息息相关，对离农农民而言，退出土地承包权也是解决农民工市民化成本的一种出路，所以自愿退出农地的农民也应该成为补偿土地承包权退出成本的主体。⑥新型农业主体，农民土地承包权的退出就要伴随着新型农业主体在进入，只有二者同时进行才能减少农地粗放经营的现象产生，从而提高耕地效率，释放土地红利，所有新型农业经营主体也应当作为农民有偿退出承包权的补偿费用的承担主体。综上所述，土地承包权的退出应该在政府（中央政府、地方政府）的引导、市场的主导下，由农村集体经济组织、企业、个人等主体在相互配合、协调分摊的原则下解决补偿费用问题，进而促进土地适度规模经营、保障国家粮食安全、增加农民收入、加快农村转移人口市民化。

（3）循序渐进原则。从上一章的退地实践分析可以了解到我国现实开展农地退出工作的复杂程度，因此想要一次性解决我国农民的退地问题几乎是不可能的，农民退出承包权的工作开展需要因地制宜并且分阶段实施。根据农地社会保障理论，在全社会保障体系还不健全的情况下，要农民放弃赖以生存的土地退出承包权，必须确保农民的基本生活保障，并能顺利地融入城镇社会或者拥有退地的生活保障，才能降低社会不稳定事件发生的概率。建立健全我国全社会的社会保障制度是一个漫长的需要不断探索的过程，因此农民退出承包权也应该是一个长期的、动态的过程，实行"一刀切"和一次性补偿的方式并不能完全替代农地的保障功能，进而会影响农民退地的实施效果。所以，笔者认为农民土地承包权退出机制应当符合循序渐进原则，农民在退地方式的选择方面，可以不再局限于现实实践中的永久性退出，而是可以自主灵活地选择退出期限的方式退出，并且阶段性退出农地后仍保留农民继续承包土地的权利，即并没有将农地对于农民的保障性能功能永久地剥夺。

（4）统筹兼顾的激励原则。从现实来看，农民承包权退出是一个复杂的过程，并不是一个简单的农民退出土地远离农业的过程。在构建农民土地承包权退出机制时，依据机制设计理论，不但要考虑农民退出土地承包权的经济激励和政策激励问题，还需要考虑农民退出承包权时价值评估问题以及兼顾农民退出承包权后的权益保障问题，从而实现共同推进农民退出承包权和农民工市民化，联动解决退地农民权益保障问题以及实现农地的集约生产、发展土地规模经营。促进农业现代化的发展。因此在进行机制设计时，必须从全面、发展的视角，统筹兼顾各种现实因素和障碍来实现农民退出承包权的激励。

4.4.2 构建农地承包权有偿退出机制的思路

构建农民土地承包权退出机制，必须要严格遵守以上四个原则，同时还必须将农民退出承包权的最终目标贯彻并体现在整个机制的设计过程中。笔者研究的"三权分置"下的农村土地承包权退出问题，最终目标有两个：一是要集中解决农村农民的"离乡不离土"问题。这就包含了两方面的内容：一方面是加快农民工市民化的步伐，解决"巨额"的农民工市民化成本问题，这需要构建经济补偿激励；另一方面是通过退地农民有针对的权益保障的实现来替代并削弱农地对农民的社会保障功能，这就需要构建政策激励。二是要将闲散农地收集起来，从而开展农村集约化生产、农地规范经营，促进农地利用率和提高生产效率，从而发展现代化农业。这个目标的实现就要求在农民退出承包地后加快推进农地的流转效率，表现为我们构建的退出机制要发挥市场、农村集体组织等主体的作用并通过政策激励等措施引进新型农业经营主体以此创新农业发展模式。

此外，构建土地承包权退出机制还需要考虑笔者之前分析得出的影响我国农地退地实践效果的四点现实因素，即土地产权不明晰、退地补偿标准不统一、退地补偿成本分摊机制构建不合理、退地后的保障不完善。也就是说，要将现实的不足考虑到机制构建的过程中，将改进现实的问题作为构建机制的任务之一。综上所述，笔者结合机制设计理论，认为农民土地承包权退出机制应当包含以下几个方面的内容：首先，结合不同的退地主体农民的特征，分析农民个人的参与性约束行为，从而构建不同的退出方式并分析农民追求自身效用最大化情况下的退出决策，并以此作为土地承包权退出机制实现的前提条件。其次，对承包权的价值构成进行分析和评估，以此确立对农民退地的经济补偿标准。再次，农民退出承包权的实现，主要通过不同主体对退出补偿成本的分摊机制、政策激励机制、农民的退出与新型经营主体进入的"退用结合"等机制的共同作用来实现。最后，要构建农民退地后的权益保障机制，确保农民退出承包权后其享有的农村集体成员权的其他权益不受损害，从而鼓励农民大胆地退出土地承包权。图4-4是笔者对农民土地承包权退出机制设计的框架。

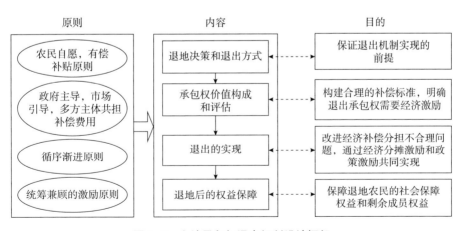

图4-5 土地承包权退出机制设计框架

4.4.3　土地承包权退出机制的内容

4.4.3.1　农民退地决策和退出方式

农地承包权是对农民而言具有社会保障性功能的权利，农民自愿退出承包权是构建退出机制的关键，因此我们在构建退出机制时首先需要对农民的退地决策进行分析。其次我们也应当看到并不是所有的农民都适合退出承包权，也不是每一个选择退地的农民只适合一种退出方式，所以我们分析农民退地决策时应当基于退出承包权农民主体的不同特征设计出相应的退出方式。

（1）符合退出承包权条件的农民主体。我们建议的农地承包权的退出实质是指农民或集体成员在满足一定的条件下自愿选择退出或受到补偿机制的激励选择退出。符合条件退出承包权的主体是指以下几类：第一类是不再从事农业生产性活动的农民和农村集体成员，或者说即将不能或不愿从事农业生产活动的农民，这里主要指农村农业生产性工作能力较弱的人群如残障人士、年迈农民。他们家庭中几乎没有外出务工人员，收入基本靠农业，这类人对承包地的依赖度极高。第二类是有条件发展为退出承包权的集体成员，他们具有非农业生产经营活动之外的稳定收入。这类人的家庭部分成员外出务工，但仍然保留承包地并由家庭其他留农成员自行进行生产活动并以此收入作为家庭收入的补充，承包地对这类人而言具有补充家庭收益的作用。第三类是长期在外务工，积累了一定的社会资本，且实质不可能再回到农村长期生活并从事农业性经营活动的农村集体成员。这类人指家庭成员几乎都外出务工从事非农业或经商等工作，家庭条件良好，但仍然希望保留土地承包权作为防范风险的财产收益或由于家乡观念的根深蒂固而保留承包地。

（2）农民的退出承包权的决策。我们基于"理性经济人"的假设，认为农民作为经济理性人，在选择退出承包权或退出经营权的问题上都会在外部条件和自身条件的限制下追求土地效用价值最大化，若退出承包权的预期收益大于拥有承包权的收益时，农民选择退出承包地有利可图，所以选择退出，反之则不愿意退出或不愿意完全退出。并且还应该考虑的一个问题是，根据退地期限的不同，农民选择 10 年、20 年、30 年期退出承包权所产生的效用是不同的，一般来说期限越长，退出承包权的补偿应该越大。农民选择退地决策如下：

一般来说，农民退出承包权获得的收益（TP_1），由农民从事非农业收入（Y）、获取的保障性补贴（B_1）、经济补偿（B_2）以及退出土地承包权的交易费用（C）共同构成，如式（4-1）所示：

$$TP_1 = Y + B_1 + B_2 - C \tag{4-1}$$

农民的退地行为是为了追求利润最大化，若退出承包权的收益（TP_1）大于承包权自身的价值（P）时，农民会选择退出承包权退出土地。也就是：

当 $TP_1 - P > 0$ 时，农民会因退出承包权获得收益。

当 $TP_1 - P = 0$ 时，农民选择退出承包权或拥有承包权是无差别的，所以此时农民的退地决策将更多地受到心理因素的影响，退地的决策是不确定的。

当 $TP_1 - P < 0$ 时，农民会保留承包权。同时，我们也应当注意到，农民在这种情况下，会考虑做出是否退出经营权的决策。即：当 $TP_1 < P$ 时，若 $Y + P_R - C_1 > P$，其中，C_1 是经营权的交易费用，P_R 是农地资源价值，那么农民会继续保留承包权，但放弃土地经营权，保留土地的部分权利。

（3）农地承包权退出的方式。在我国现阶段的农村土地承包权退出实践中，很多地方都是采取"一刀切"的方式进行一次性补偿，或者针对不同特性的退地农民采取相同的做法。笔者认为，不论是"一刀切"还是"一次性补偿到位"都有一定的成效，但是实际对退出土地承包权的农民来说其实是有失公平的。根据上文所述，符合退出承包权的农民具有不相同的特性，若不加以区分主体特性就统统使用一种补偿措施，最终实施的效果会不明显。另外，农民受教育程度、风俗、生活习惯等因素的影响而产生对土地的依恋情结，若要采取一次性补偿让他们退出土地，从心理上并不能让他们很好地消化这个过程，依据循序渐进原则，农地承包权的退出应该体现为一个动态变化的过程。农地承包权的退出应该基于不同的主体特点，根据退地农民的需求有针对性地做安排，既可以选择一次性退出，也可以选择分阶段分步骤地进行，应该做到具体问题具体分析。

对于老年农民或残障人士的农地承包权退出，应该鼓励以承包权换取养老保障的方式来退出。首先，我国农村老龄化的现象日益严重，老年农民主体在农业生产上存在一定的劣势，且老年主体的农地经营规模有限，这就在一定程度上制约了我国农业现代化生产和农地的规模经营；其次，我国对农民的社会保障体系建设得不够完善，由于受文化程度和生活习惯的限制，我国农村老年农民主动投社保的积极程度并不高。我国虽实现了农村养老普惠制度，规定满 60 周岁、未享受城镇职工基本养老保障待遇的农村老年农民，每月可领取 55 元养老金，也推出了农村社会养老保险制度，但是这些老年农民仍然需要靠从事农业生产维持生计。因此鼓励老龄农民退出农地，从而优化我国农业生产主体的结构，是顺应我国农业发展的要求，通过以承包权来换取老年农民每月固定的养老津贴代替自身从事农业生产获得的收益，不失为一种值得提倡的激励退出方式。

对农业转移群体的退出方式又可以分为两种。对于第一代农民工，他们一般从事建筑行业的工作，大多年龄偏大、受教育程度不高，他们认为自己的归属在乡村，退休后还是要回农村，这时承包地对他们而言具有养老保障的补充功能。对这类主体的退出应该选择渐进式，即先退出经营权作为外出务工的财产收益的补充，在告老还乡时选择退出承包权来充当养老补贴。而对于新生代农民工，或举家迁入城市的农村转移人口，他们一般从事服务业的工作或自己创业，由于受教育水平高于第一代农民工，且容易接受新思想和文化，适应城市的生活和工作节奏，所以他们的家乡归属感没有那么高，反而更习惯城市的环境和生活，但是城市高昂的物价和房价常常使他们进退两难，他们常说"待不久的城市，回不去的农村"。对这类群体而言，他们是希望市民化的，但是支付不起高昂的市民化成本，尤其是住房成本，如果选择退出承包地，那么他们更愿意用承包权来换取住房津贴或城市社会保障。这类群体承包权的退出可以根据主体剩余承包年限来选择一次性补贴，并且他们可以是彻底退出，即退出成员权，实现市民化。

4.4.3.2 承包权的价值构成和补偿标准

农民要退出承包权，分析农地承包权的价值，目的是为了设计出科学合理的补偿标准。根据农地保障理论，承包权的价值构建应当体现出将农地的福利功能转化为农民拥有的财产的意思。此外，结合产权理论和第 3 章的权益梳理，可知经营权是承包主体将承包地的占有、使用的权能让渡出去产生的，因此承包权的退出意味着经营权也随之退出，承包权的退出以承包地为载体，退出意味着集体成员在承包地上所拥有的权利的丧失。笔者对承包权人对承包地的占有、使用、收益、预期进行分析，将承包权的价值分为以下几个方面：

（1）农地资源价值（P_R）。对承包地的占有和使用表现为在土地上进行生产经营活动，因此这部分的价值来自承包地资源价值。马克思地租理论认为，土地都存在绝对地租，是土地所有权享有者凭借所有权的垄断取得的地租,是土地所有权在经济上的实现;同时,承包地地理位置的优劣和土地的质量等自然环境因素形成了级差地租,是承包合约关系的经济价值体现,绝对地租与级差地租之和就是总地租,也是承包地本身具有的资源价值。当承包地的经营权流转出去时,承包地的资源价值就表现为经营权的流转价值;当承包地的经营权在承包人手里时,这部分价值表现为自产农作物的价值。

因此,对农地资源价值(P_R)构建补偿标准时,应该考虑地租的增长和价格水平的变化,农地的质量差异以及土地承包期限和经营合同流转期限的影响,利用收益还原法有:

$$P_R = \sum_{T=1}^{T} \frac{R_0(1+A)^T \times (1+B)(1+M)\Theta}{(1+R)^T} \qquad (4-2)$$

其中,T 是土地承包期限,R_0 是即期地租,A 是地租增长率,B 是供求变化系数,M 是通货膨胀率,R 是地租折现率,Θ 是农地质量因子。

(2)承包地的社会保障价值(P_S)。从收益上来分析,承包权的价值主要体现为承包地保障价值。承包地是农民最基本的生产生活资料,承担着农民的保障责任,体现着保障价值。承包地对退出承包权主体的土地保障价值主要体现在基本生活保障价值、失业保障价值、医疗保障价值和养老保障价值。基本生活保障正如笔者前面所说,许多主体的家庭收入一部分来源于家庭成员外出务工的收入,一部分来源于务农,此时拥有承包权可以作为承包权人家庭生活的补贴。而失业保障价值,就是承包权可以作为外出务工人员非农就业的失业保障,一旦非农就业机会失去,还可以回到农村耕种承包地,以保障家庭基本生存。对于医疗保障价值和养老保障价值,我国的社会保障和福利是与户籍制度、土地制度紧密联系在一起的,农民作为集体经济组织成员在新型农村社会保障体系享受着国家对农村社会保障的补助,如新型农村合作医疗保障和新型农村养老保障中国家的补助,如果退出承包权,就意味着这些基于承包权赋予的农民社会保障资格的丧失。

此外在补偿构成方面,社会保障价值等于基本生活保障价值(V_0)、失业保障价值(V_J)、医疗保障价值(V_M)和养老保障价值(V_P)的加总。考虑到退地后农民失去土地保障,应当被纳入到城镇社会保障体系,因此耕地养老保障价值、失业保障价值和医疗保障价值应当以城镇居民的保障标准进行计算。目前,我国城镇居民社会保障要求城镇居民按照职工工资收入缴纳社会保险,其中医疗保险个人缴纳 2%、单位缴纳 8%,养老保险个人缴纳 8%、单位缴纳 12%，失业保险个人缴纳 1%、单位缴纳 2%，工伤保险单位缴纳 1%，生育保险单位缴纳 1%，住房公积金个人缴纳 3.5%、单位缴纳 3.5%。此外，根据以往调查研究，农民不愿意退出承包土地主要出于三个考量：一是以地养老，二是以种地为退出城镇生活的退路，三是承包地带来的享受农村合作医疗的福利。所以承包地的社会保障价值主要体现在养老保险、失业保险和医疗保险之上。在其他条件不变的情况下，农村居民转移到城镇，一般会预期得到比在农村更高的收入，因此，应该以城镇和农村居民年均收入的平均值作为基数计算承包地的社会保障价值。计算土地社会保障价值的公式如下：

$$P_S = V_J + V_M + V_P = \sum \frac{(I_A + I_B) \times C_J}{2R} \tag{4-3}$$

其中，I_A 为农村居民年均收入，I_B 为城市居民年均收入，C_J 为社会保障费率（养老保险、失业保险、城镇和农村医疗保险差值），R 为贴现率。

（3）预期投资价值（P_T）。从对承包地增值的预期来考虑，体现在农村集体成员对承包权的价值的心理预判和投机心理产生的投资价值等，例如对农地的投资价值体现为国家对承包地的征补产生的价值，是指由于工业化、城镇化扩张，土地征用和农地补贴带来的巨额增值。这部分由于预期产生的投资价值，实质可以看作退地农民对拥有农村集体成员权的剩余权利投资产生的价值。承包权价值中包含投资价值的设置，实现了保障退地农民权益的要求。

因此，从数量上直接表达这部分承包地预期投资价值（P_T）可以用一定区域（省市）土地增值收益乘以适当的土地增值比例来计算（张学敏，2014）：

$$P_T = V_1 \times (S_1/S) \times S_2 \tag{4-4}$$

其中，V_1 是一定区域（省市）土地征用带来的土地增值收益由农民所享有的部分金额，S_1 是承包地征用面积，S 是承包地总面积，S_2 是退出承包地面积。

（4）心理价值。心理价值应当包括农民做出退出承包地选择时的各种心理因素，如放弃承包地的不舍，拥有承包权的安全感，对家乡的依恋情结等综合作用下产生的农民对拥有土地承包权的隐性价值。这部分价值并不能通过具体的金额反映出来，对这部分价值的补偿可以通过其他方式替代和对冲其影响来实现，例如退地农民可以平等享用城市良好的基础设施建设，感受到城市对转移农民的关怀（生活、精神）或拥有与城镇居民平等的社会保障水平，等等，以此降低他们在退出承包权时产生的心理成本。如果这部分价值源自离农农民对家乡的依恋，假如城市能给他们带来很好的归属感，那么他们这部分心理价值就能很好地抵消一部分。由此看来，心理价值是随着外部环境的影响而动态变化的，要补偿这部分价值，首先需要了解离农农民产生这部分心理价值的原因，再根据其内心的需求借助外部环境产生正的效用作用于离农农民，使他对外部的环境产生好感从而以此对冲心理价值。城市的基础设施建设水平、人文关怀度、开放度、包容度、社会保障水平越高，就越能够对离农农民产生正的心理效用。

综上所述，要设计承包权退出机制，使以上成员自愿退出农地承包权，最关键的是让这些成员认为承包地对他们的社会保障功能被替代，承包权的价值也应该充分反映承包地的社会保障性功能和退地农民的权益保障，突出经济补偿作用。

4.4.3.3　农地承包权退出的激励

农地承包权退出，主要靠激励机制来实现，需要在经济补偿激励和政策激励的双重作用下实现。笔者认为农地承包权退出的经济补偿激励可以由以下三种方式实现：

（1）构建农地承包权退出与农业转移人口市民化成本解决的联动机制。阻碍农业转移人口市民化最大的问题就是市民化成本的问题，农业转移人口因为负担不起市民化成本，因此希望持有农村的土地承包权进而作为自己在城市生活的补充性财产，由此可以看出，农业转移人口市民化问题解决不了，那么退地问题也就解决不了。我们认为，对于农业转移人口选择退出承包权的补偿不可以像我国当前退地实践的做法一样，大部分的补偿费用由政府承担。因为农民选择市民化就意味着他们是永久性退出土地，所以这部分补偿成本十分巨大，政府难以承受。同时，农民选择退出承包权继而进行市民化是一个漫长且复杂的过程，涉及的主体也是多样化的，所以笔者建议要形成一种农地承包权退出与农业转移人口市民化成本解决的联动机制。具体措施是由社会、企业、政府、土地承包权受让方、农民工个人按照不同的比例缴纳出资，成立一种"土地退出和农民工市民化"的基金，并投资于现代化经营的农场、农业企业、农业产品等符合国家要求和鼓励各类有前景的农业项目，或者投资入股农业型互联网金融企业等。一方面为现代化农业的发展带来启动资金，从而提高我国农地的规模经营和耕地生产率，促进土地红利，保证国家粮食安全；另一方面获得的投资收益用来补偿离农农民退出土地承包权，并弥补农民工市民化成本的不足。

（2）构建退休农民承包权补充养老金额机制。农村老龄农民由于受自身身体素质下降等因素的影响使他们不再适合继续从事农业生产经营活动，鼓励退休农民退出土地承包权不仅为了释放农村土地，促进耕地集中使用，还出于保护老年人这类弱势群体使他们颐养晚年的考虑。考虑到当前我国农村农民养老制度的不完善，要想将农地从老年农民手中释放出来，迫切需要政府作为主导对退休农民实行补充性的养老金补助，从而替换出退休农民赖以生存的土地。对于退休农民的退地，除了对他们进行基本的承包权退出补偿之外，还需要构建长期的退休农民补充养老金额机制，这是具有一定的社会公益性质的安排，笔者建议补充养老金的实现应当由以下三方主体进行分摊。

首先是政府。确立政府尤其是地方政府作为充当大部分补充养老金额的承担主体，在当前农民社会保障制度不完善的条件下，政府有理由也有义务对退休农民的养老金负责。其次是集体组织。农村土地具有"增人不增地，减人不减地"的特征，退休农民选择退出承包权，那么集体会先得到农民退地带来的好处，因此农村集体组织也应当关注本集体老年农民的养老安排，也应当承担补充本村退休农民的养老补充费用。具体操作是退休农民可以获取集体组织开展农地集约生产或流转的特定比例的收益，这些特定的比例应当根据退出承包地的面积、质量、等级标准来评定。最后是新型经营主体。集体组织在收回退休农民的承包地时可以将土地流转给新型农业经营主体，因此新型农业经营主体承接了退休农民的农地后应该承担一部分退休农民的养老补充。退休农民可以采用入股、抵押承包经营权给农业新型经营主体等方式获得退休后的稳定的补充养老金。

（3）构建"退用结合"的激励机制。我们鼓励农民退出土地承包权，其实是为了给农业集约化生产、农业规模经营、现代化农业生产创造条件，为了提高农地利用效率，必须将农民退出的承包地重新分配给新的经营主体，才能保障农地的使用效果。因此，笔者认为对于阶段性退出农地的农民，应该借鉴重庆梁平的退地模式，构建"退用结合"的激励机制：一方面鼓励农民阶段性退出承包权；另一方面通过补贴激励措施引进新型经营主体，提高新的农地经营主体的生产积极性。具体操作应该包括以下两个方面的内容：

一是为选择阶段性退出农地承包权的农民和新型农业经营主体成立类似于"土地银行"的中介机构。根据循序渐进原则，农民土地承包权的退出在现实中的实现是一个非常复杂的过程，再加上我国的农地产权的不明晰以及与农地退出的相关社会保障制度的不完善，使得农民不敢做出彻底退地的决策，农地对农民的社会保障功能还很难被替代。基于这种情况，笔者设计出一种分阶段，如退出承包权 10 年、20 年、30 年的动态退出方式，充分赋予农民自由选择退出承包地期限的权利，给退地农民服用一颗"安心丸"。但是在现实的操作中，实施动态退出是十分复杂的，这会加大农村集体对农村土地收回和流转的工作量和工作难度，因此，这就需要一个类似"土地银行"的中介机构来处理退地农民和新型农业经营主体之间的调剂土地余缺的工作。具体操作可以是：首先由选择阶段退出承包权的农民将承包地按照事先确定的退出期限存入土地银行；其次土地银行将农户存入土地进行适当打包、整合或适度改造，在维持基本农业用途不变的情况下，贷给其他土地需求者（如农业企业、种养大户等），推进农地适度规模经营；最后农业企业向银行支付土地的储存价值、整理开发价值和使用利息，银行再把储存价值扣除一定的管理费后兑现给农户，待到农民承包经营权的退出期结束后，土地自动交由农村集体处理。通过构建土地银行，可以很好地将农村集体、农民、新的经营主体的利益联系起来，有效地处理农民退地激励和农业现代化发展之间的关系。

二是要鼓励新的农业和经营主体进入农村，对农业经营者和农村集体组织实施补贴的激励政策。补贴部分应当由中央财政出资，对新的农地经营者、集体经济组织进行补贴。对新的农业经营主体的补贴，主要表现为对农地规模经营的补贴、粮食补贴、农业生产性补贴等几个部分，目的是为了提高农业经营主体的生产积极性和提高农地生产效率；对农村集体的补贴，表现为对农村集体组织对农地整治和荒地开发的补贴，目的在于提高农村土地资源利用效率。

上文的经济激励中，前两部分是农民土地承包权退出的补偿分摊激励，第三部分是补贴激励。结合经济激励的内容，我们可以进一步提出农民土地承包权退出的政策激励，可以通过以下三个方面来实现：

（1）充分发挥市场作用，合理构造承包权价值，促进农地流转。市场是农民退出承包权补偿的参与主体之一，活跃、公平、有效的农地流转市场能在确立土地承包权退出的补偿时发挥重要的价格指导作用。要发挥市场的作用，首先有关部门需要建立统一健全的农地价格评估系统，以此减少承包权退出实践中，因信息不对称等问题使得退地补偿主体常常高估或低估农村土地的现实价值问题的产生，从而形成更合理的补偿标准，保护退地农民的财产权益。其次政府要建立健全各地区土地承包权退出的价值公开信息系统，从而使社会各主体对农民退出土地的承包权的实现进行有效的监督。此外，还可通过建立新型土地流转市场，例如建立农地交易的

"互联网+"市场，使有退地需求的农民和希望进行农业生产经营活动的主体之间形成类似"淘宝商城"的农地交易模式，即农业经营主体通过提供农地抵押、入股等流转方式吸引退地农民实现土地经营权的流转与退出，从而达到放活农村土地的目的。

（2）完善农地法律制度，明晰农地产权。"三权分置"下农民对农地的退出，需要通过农民退出承包权和放活经营权，推进经营权流转的共同作用得以实现；而经营权的流转和承包权价值的评定，又需要在公平的市场机制和明确的权益界定的作用下实现。但是现实中我国农村法律制度不完善，至今没有哪部法律对"三权分置"下的农村土地产权进行合理的界定，并且集体所有权和集体成员权、承包权、经营权之间的权益内容也没有明晰的界限划分，这些问题的存在，都制约着土地承包权退出补偿机制的实现。因为假如没有明晰的产权界定和法律的指导，不仅会影响退出承包权的价值评价，还会影响在市场上的农地流转效率，所以要加快对土地承包权退出的相关法律的修订，明确退地的方式、补偿方式、标准，完善农村集体经济组织法人地位；明确农村集体经济组织行权范围与产权边界，从而为农民退出土地承包权提供明确的法理依据和指导。

（3）放开农村集体成员的限制，放开农村户籍准入制度。在农民退出土地的实践中，农地承包合同规定了农地承包权人的承包期限，第二轮土改后承包权主体拥有 30 年的承包期限，但是农地经营合同的期限只有几年。这意味着很多拥有农地经营权的主体——新型农场或农业公司，将只拥有农地几年的使用权，他们与承包权人的关系是极不稳定的。经营合同到期后意味着承包权主体可以收回承包地，这将影响新型农场等主体的发展，不利于农业规范经营。新型农场主一般不属于农村集体成员，不具有农地的承包资格，这种不稳定的关系只能靠延长承包期限来缓解。但实质上延长承包期限并不能彻底解决这种不稳定关系，若是这些新型的农场拥有农地的承包权，那么他们就可以长期在固定的土地上进行生产经营活动。为什么城市户籍能够比较自由地迁入迁出，而农村户籍不能呢？笔者建议开放农村户籍限制，让希望从事农业的主体主动加入进来，而那些要退出农地的人可采取入股农业公司或新型农业经营主体等方式换取退地的部分补偿从而形成新入集体的成员弥补退出承包权成员的损失机制。

4.4.3.4 农地承包权退出后退地农民的权益保障

根据统筹兼顾原则，农民选择退出承包权后的权益保障应当从退地农民的社会保障和退地农民剩余成员权益保障两个方面去实现。

（1）构建符合离农农民的社会保障机制。农地对农民而言最重要的功能就是社会保障功能，农民退出承包权意味着农地对他们而言的保障作用部分或全部丧失。同时考虑到城乡二元经济体制的制约，退地农民离开农村很难进入城镇社会保障体系中。这样一来，对农民而言退出土地承包权即意味着享受的社会保障水平下降，保障水平的下降会使选择退地的农民缺乏安全感，从而产生巨大的心理成本。为了弥补和替代这种心理成本，各级政府必须对退地农民构建完善的养老、医疗、就业、教育等社会保障机制，以此加强经济激励机制，从而鼓励农民做出退地决策，打消农民进城的后顾之忧。笔者认为具体的社会保障实现应该体现在以下几个方面：

一是对于成为城市市民的退地农民，政府必须将其纳入城市最低生活保障人群。我国的社会保障体系还不健全，因此退地农民在进入城市后无法立即实现与城市居民相同的社会保障水平，政府应该赋予退地农民享有城市最低保障的权利，以此来促进社会的稳定。二是建立进城农民养老保险制度，对于已经就业的，纳入城镇职工养老保险制度，且可以将农民从事农业生产的期限作为农民已经缴纳城镇职工养老金的时长，进而在此基础上享受与城镇职工相同的养老保险制度。三是建立多元化的医疗保障制度。坚持因地制宜的原则，采取社会医疗救助制度、商业保险、新型合作医疗、城镇居民医疗相结合的方式来实现对退地农民的医疗保障。四是构建住房保障制度。对在城市里有固定职业并具备生存能力的这类农户，政府应将其纳入政府住房保障体系，在政策上与城里人同等对待，允许购买廉租房、经济适用房。对于不能完全融入城镇者，重点推进农民公租房安置制度，实现农民工居者有其屋。五是建立进城农民工子女平等接受义务教育制度，扩大城市公办学校义务教育规模，把进城农民工子女纳入到城市义务教育范围，使其子女可以享受到更优质的教育资源。六是建立进城农民免费就业培训制度，加强农民职业培训，帮助其就业。

（2）退地农民集体成员权的保障。根据第 3 章的分析，我们可以清楚地知道农民退出承包权后，实质上还保留着农村集体的成员资格，他们还拥有成员权下的剩余权利，如对宅基地的资格权，林地、草地的承包权，以及农村集体工业经济的收益权、征地补偿权等，那么农民退出承包权后，这部分权益该怎么保障呢？

笔者认为农民如果选择彻底退出承包权，也就意味着退地农民不可能再回到农村，那么其宅基地的资格权和非建设用地的承包权实际就闲置了，因而这部分权益会给退地农民带来沉没成本。对于彻底退地的农民来说，他们可以选择转让这部分权益，如将宅基地租给新型农业经营主体，并从新型主体间获得租金。而林地、草地的承包权实际也能作为未来绿色农业经济的投入，农民彻底退出农地不应该选择将这部分权益沉没，同时集体组织也应该将这些闲置的资源收集起来，转化为农民的收益。值得一提的是，对于征地补偿权和农村集体工业经济的收益权保障另当别论。因为这两块权益是以农地为载体而产生的，所以此时退地农民若选择永久性退出承包权，他们既不是农业生产者也不是承包地的使用主体，那么实际上农地产生的这两块权益是不能够让退地农民享有的。但是，若退地农民选择阶段性地退出时，待他们重新进入集体时，这两部分权益是应该归还退地农民的。

如果农民选择阶段性退出承包权，那么他们应该以何种方式再次进入集体？实际上，农民选择阶段性退出承包权 10 年、20 年、30 年等方式时，他们会享有不同的退出补贴，但是在退出期限到期后，他们可以选择继续退出或继续持有承包权；他们再次进入集体的时候，若无偿地拥有承包权显然对没退承包权和一次性退出承包权的农民不公平，故选择阶段性退出的农民再次进入集体组织应该选择付费的方式，付费金额应该依据承包权退出期限而定，退出时间越短，再次承包的价格就越贵。此外，借鉴重庆梁平的退地模式，退地成员阶段性退出承包权时，可以吸取新型经营主体的进入，退地农民持有新型农业主体的一部分股权来换取阶段性的承包权退出，待到期后收回一部分股权作为农民再次进入集体的价格。

综上所述，只有将退地农民的社会保障机制与退地农民其他权益的保障相结合，才能实现对农地资源保障性作用的替代，打消退地农民的后顾之忧，确保农民土地承包权退出推进的实施效果。

4.5 本章小结

农民农地承包权退出是农民土地财产权益实现的难中之难，不但需要深入研究，在研究中更需要具有开拓精神和创新的勇气。

农民农地承包权的退出实质是指农民或集体成员在满足一定的条件下自愿选择退出或受到补偿机制的激励选择退出。农民作为经济理性人，在选择退出土地承包权的问题上都会在外部条件和自身条件的限制下追求土地效用价值的最大化，若退出承包权的预期收益大于拥有承包权的收益时，农民选择退出承包地有利可图，所以选择退出；反之则不愿意退出或不愿意完全退出。因此，在构建农地承包权有偿退出机制的过程中应当始终贯彻以实现和保障退地农民的利益为基础,依据自愿有偿、循序渐进、多方主体共同分摊补偿成本、统筹兼顾等原则,将承包权的权利内容贯彻在确定承包权价值中,并形成合理的补偿价格,从而实现农民有序地退出土地承包权。

第 5 章
农民的脆弱性贫困与精准扶贫

党的十八大以来，农村反贫困作为统筹城乡发展的重要部署，已经进入扶贫攻坚战阶段。从"攻坚"的语义中不难看出，农村当前剩余贫困的重要特征是顽固性和长期性，分析这种贫困的形成原因可知，农民的高脆弱性扮演着重要角色，可以说，当前我国农村剩余贫困是一种脆弱性贫困。在精准扶贫背景下将脆弱性这一范畴纳入当前我国农村剩余贫困的分析中，从脆弱性的角度使减贫战略主要从解决已知的包括物质资料的缺乏和低层次的健康卫生水平，到放眼于不可预见的风险预防上，有效减少将来返贫的可能性，提高减贫成果的稳定性，尽快解决农村的剩余贫困。

5.1 农村剩余贫困的长期性和脆弱性

5.1.1 农村的精准扶贫与剩余贫困

自我国实施精准扶贫精准脱贫以来，扶贫工作取得了决定性进展。按现行农村贫困标准，2013～2018 年我国农村减贫人口分别为 1650 万人、1232 万人、1442 万人、1240 万人、1289 万人、1386 万人，每年减贫人数均保持在 1000 万以上。六年来，农村已累计减贫 8239 万人，年均减贫1373 万人，六年累计减贫幅度达到 83.2%，农村贫困发生率也从 2012 年末的 10.2%下降到 2018 年末的 1.7%，其中，十个省份的农村贫困发生率已降至 1.0%以下，中华民族千百年来的绝对贫困问题有望得到历史性解决。从地区看，东部地区已基本率先脱贫，中西部地区农村贫困人口明显减少。2018 年末，东部地区农村贫困人口 147 万人，比 2012 年末减少1220 万人，六年累计下降 89.2%；农村贫困发生率由 2012 年末的 3.9%下降到 2018 年末的 0.4%，累计下降 3.5 个百分点，已基本率先实现脱贫。

中部地区农村贫困人口由 2012 年末的 3446 万人减少到 2018 年末的 597 万人，累计减少 2849 万人，下降幅度为 82.7%；农村贫困发生率由 2012 年末的 10.5% 下降到 2018 年末的 1.8%，累计下降 8.7 个百分点。西部地区农村贫困人口由 2012 年末的 5086 万减少到 2018 年末的 916 万人，累计减少 4170 万人，下降幅度为 82.0%；农村贫困发生率由 2012 年末的 17.6% 下降到 2018 年末的 3.2%，累计下降 14.4 个百分点。[①]

预计到 2020 年末我国将顺利完成整体区域脱贫、所有贫困县摘帽、全部贫困人口脱贫的战略目标。然而，在占农村人口比重很低的这部分贫困农户即剩余贫困，如果仍主要依靠经济方面的措施实现真正脱贫依然面临一些挑战，甚至有可能使剩余贫困人口的贫困度越来越深，进一步说，剩余贫困人口依靠经济增长和区域性扶贫开发脱贫的难度越来越大。因此，对农村剩余贫困实施更加有针对性的扶贫政策就显得越来越重要。

5.1.2　农村剩余贫困的长期性

围绕着长期贫困属性的界定，学术界有着深入的探讨。有学者认为，长期贫困是动态的过程，其具有两个层面的含义：一是贫困的波动性，即群体在贫困与非贫困之间的波动；二是贫困的持续性，即"持续贫困"或"慢性贫困"。与此同时，对于"持续贫困"的定义，较为集中的看法为："持续贫困"是指在五年或更长时间里对个体确切能力的剥夺，此处的个体定义包括个人和家庭或者群体。通过对 Marcus 等的研究进行整理发现，在诸多文化背景中，五年是一个重要的时间存量。在目前的"持续贫困"研究中，计量经济学方法被广泛运用，五年通常在时间序列的横截面数据研究中作为一个数据搜集时间段。通过实证研究，我们发现如下规律：如果个体或群体处于贫困状态的时间达五年以上，则其极可能在生命周期的剩余部分持续贫困状态。贫困较长的时间持续是长期贫困最重要的特性，贫困的动态变化特性使得在研究长期贫困时对贫困过程的分析显得更为重要。

近年来，相关领域的研究把长期贫困群体具备的特征概括为以下几个方面：①人力资本存量低。相关观点认为，人力资本投资和人力资本存量与长期贫困三者之间存在封闭循环关系。人力资本存量可通过三个层面来提升，分别是传统教育、后学校职业技能培训以及群体健康水平。群体受

---

　　① 国家统计局住户办。

教育程度与持续贫困之间存在着逆向关系，普适化学校教育与专业化职业教育及定向培养为现代教育的主要方向，均与削弱持续贫困水平存在密切关系。同时，人力资本投资的长期化成为研究的要点，减少长期贫困的关键在于教育水平或教育时间的持续发展，发展较高层次的教育能更有效地防范长期贫困。②地理差异。地理差异即长期贫困状况会因地理位置不同而存在差异，长期贫困所展现出的地理差异较之其他贫困类型更为显著，地理差异在为家庭提供经济发展的机会方面设置了阶梯或者门槛。地理位置差的地区，发生规模性长期贫困的概率大，反之亦然。这种现象在我国表现比较明显，由地理差异而引起的长期贫困状况尤为突出，特别是在西部地区或者贫困山区。③固定财产存量低。家庭固定财产为突破长期贫困格局提供支持，固定财产存量水平愈低，脱贫实力愈弱。就我国现状而言，对土地的永久性承包权是家庭固定财产的重要组成部分。家庭固定资产的贫乏，使其不能单靠自己的力量来摆脱贫困。④职业特征明显。通过相关调研发现，可以通过群体的经济行为来考查长期贫困。例如长期贫困更容易绑架那些从事自耕的农民群体。⑤长期贫困群体的脆弱性。脆弱的社会和经济地位一直是困扰长期贫困群体的重要问题，他们应对疾患、自然灾害等冲击的能力较低。他们除了要面对低收入、低消费、低能力等劣势外，还要接受其引发的巨大压力。通过总结大量研究结果发现，长期贫困人群所面临的巨大问题即疾病和健康。脆弱性在长期贫困形成中的影响十分突出，上述①至④四项长期贫困的特征也是构成脆弱性的重要元素。

　　本书把我国当前农村剩余贫困归于长期贫困（更接近于顽固性贫困的理解）进行研究，除了上述特征外，还存在以下几个方面的诱发因素：①脱贫者脱贫主要依赖国家的扶贫政策，一旦离开了国家的资金支持，返贫现象极易发生，或者返贫者的脱贫持续期短，贫困期依旧在这个群体的生命周期中占据很长时间；②由于更深层次的脱贫需要更多的人力资本存量，而返贫者的人力资本存量往往较低，无法满足更进一步的脱贫实力的要求；③在重大的或突发性的风险因素发生时，缺乏系统性的应对机制，致使难以在短时期内脱贫。

5.1.3　农村剩余贫困的脆弱性

5.1.3.1　脆弱性的概念

　　所谓脆弱性，世界银行给出的定义是：包括个人或群体面临某些风险的可能性，以及因遭受风险致使财富缩水或生活质量降低至某特定水平的可能性。脆弱性包括群体受到冲击和对抗冲击的实力两方面，两者相比较的结果即脆弱性。在研究过程中，控制其他干扰因素，则会出现这样的情况：当受到相同的冲击时，抵御能力和脆弱性之间呈反向关系；当其具有相同的抵御冲击能力时，受到的冲击与脆弱性之间呈正向关系。从经济学角度分析，脆弱性的核心在于个人或家庭在特定条件下应对风险的结果。对其福利水平变动的评价方法主要采用货币评价，也可表述为家庭或个人应对风险产生的消费或收入及资本等方面福利的损失。但现实生活中却不仅于此，对于福利的衡量还需要对其他方面进行评价。因此，具有广泛概念的脆弱性，除了包含收入、资产、食物安全等脆弱性之外，还涵盖了与社会排斥、暴力、健康等有关的其他风险。从人类学和社会学角度分析，脆弱性与长期贫困的含义被扩充，同特定环境相结合的收入或消费频发的状态是社会学家对贫困的一般描述，他们用来描述贫困状态的术语通常有实力、谋生、剥夺、排斥等词汇。参与式也是社会学用来辨别贫困和贫困可能性及贫困程度的方法。个体和家庭及社会面对变化的环境而产生的福利的不稳定，是社会学家对脆弱性的普遍定义。拓展资本的概念是社会学家最大的贡献之一，他们让其他人认识到社会资本与物质和经济资本具有等同的重要性。因此，社会学家发现了"风险—风险响应—结果"这个风险链，并且认为社会资本管理在整个风险管理中具有非常重要的作用。另外，不少学者从灾害管理、生态环境、健康营养等方面对脆弱性进行了分析。总之，从宏观角度讲脆弱性，它是经济、社会、自然环境等体系下的整体产物；从微观角度分析，它综合了个体人力资本、居住地域、家庭固定财产等因素。

5.1.3.2　脆弱性与贫困

通常认为脆弱性与贫困之间存在着紧密的联系，但两者不等同。例如某个体脆弱但不贫困，或者既脆弱又贫困。脆弱性是事前状况，它被描述为在未来处于贫困的可能，脆弱性不能被直接观察到但可以被预测。相反，贫困是事后可观察到的状况，其具有不可预测性。

依据贫困持续时长的差异，本书将长期的和短期的贫困进行区分。长期贫困即某个体或群体在特定时期持续处于贫困线以下，短期贫困为偶尔处于贫困线以下，贫困所具有的动态性体现于此。贫困动态性主要表现在两个方面：一是短期贫困和长期贫困的发生率；二是贫困的进入与退出。国外学者对长期贫困和短期贫困的发生率进行了深入研究，并且试图找出其决定因素。Jalan J. 和 Ravalion M. 指出，无论是长期贫困还是短期贫困，对家庭平均财产拥有量都存在极大依赖，但家庭人口、家庭成员的受教育水平和健康状况对长期贫困的影响是巨大的。Radhakr-ishna R. 等也指出，长期贫困与工资水平、收入水平、人口压力、健康水平及其他社会因素密切相关。在分析贫困进入与退出因素的过程中，许多研究者发现，贫困进入和退出过程中不存在稳态，人们的贫困持续期越长，脱贫机会就越少，返贫的风险就越大。

脆弱性具有动态发展的特性。脆弱性是以个人或群体过去为应对各种冲击而造成的生活质量降低为基础，结合未来各种冲击发生的机会和个人或群体在冲击产生时的承受能力，从整体层面把握个人或群体未来的生活质量的变动，因此脆弱性是一个与时间变量高度相关的具有前瞻性的预测。同时，其地理差异特征表现显著，受到冲击的种类和程度会因所处地区的不同而存在较大区别，因而对脆弱性的评价也会有较大差异。除此之外，其还存在群体差异，不同的群体存在不同程度的脆弱性。一般而言，在受到粮食危机、政局动荡等冲击时，脆弱性表现在妇女和儿童中程度更高。从脆弱性和陷入贫困的可能性层面来分析，长期贫困者更为脆弱，其陷入贫困的可能性更大，脆弱性程度更高，自我脱贫的可能性更小，致使贫困持续甚至覆盖整个生命周期。因此，解决长期贫困的难度相较于短期贫困更大。

5.2　社会排斥、人文缺失与脆弱性农村剩余贫困的形成

综上所述，脆弱性同时是长期贫困的特征与重要诱发因素，实际上，社会排斥、人文精神缺失是引发脆弱性的重要因素。

5.2.1　社会排斥与脆弱性农村剩余贫困

社会排斥（或称政策排斥）具体体现为排斥性政策，即被排斥的社会群体在某些相关政策或法规的作用下被推离社会中心位置的过程。排斥性政策，是指由政府颁布各种政策和规定不能对社会群体进行全覆盖，总是存在部分社会成员被排除在某些特定政策之外，从而无法享受到与其他社会成员等同的社会福利政策。政府颁布特定的政策具有历史特定性，因而政策的效用性与缺陷共存，需要持续不断地进行修正。社会排斥这一蕴义

与脆弱性含义的界定是一致的，社会排斥的关键要素是动态性。因此，想要精确评估社会排斥程度，就不能局限在对当前状态的考查，对长期贫困的讨论同样不应局限于此。罗伯特·沃克尔曾经指出了这种将贫困和社会排斥概念结合的路径："出现长期贫困—贫穷群体脱贫机会少—贫穷群体被更广泛的社区认同的机会也更少。"在此种状况中，贫困经历更加接近于社会排斥经历。长期以来，在我国多项政策实施的过程中，许多政策对受众群体进行了划分，农民群体处于极其不利的地位，处于被束缚的状态。根据对社会排斥机制的分析可以发现：有些针对社会保障及就业、干部人事任用、各种基础资源分配等方面的特定政策导致主要排斥主体的形成，以经营农业生产的农民群体构成了大多数的排斥客体，持续加深对客体不利影响的排斥性政策实施构成了主要的排斥过程，最终导致农民群体脆弱性加剧的排斥结果。

以上分析表明，我国当前农村长期贫困的形成存在"社会排斥—脆弱性—长期贫困"的逻辑机制。总体上，有两个层面因素致使我国农村长期遭受社会排斥并形成脆弱性贫困。

（1）基本政治权益层面的排斥。我国农村农民群体话语权的脆弱与缺失应归结于其最基本政治权利（大体包括自由权、平等权、参政权、生存权、自治权等）未得到充分体现，这种现象在新中国成立以后尤为显著。这会导致以下后果：一是农民群体在管理国家或集体事务方面丧失实质性的参与权。在各级政府关于农业发展规划及方针政策制定的过程中，决策过程由利益的组织者或管理者主导，没有真正给农民代表设立席位，发展规划和政策并不是以农民利益为导向。二是无法形成以农民利益为导向的群众组织。2018 年国家统计局数据显示，我国农业人口 56401 万人，占总人口的 40.42%，尽管我国农民群体庞大，但没有群众组织代表自身利益，因此，在我国农民利益在毫不知情的情况下被侵占的事件时有发生。其实，从更深的层面上来讲，这些均反映出当前我国农民组织缺失、地位不高、无相关法律政策支持的客观事实。显然，在农民群体无法完全获得基本政治权利的情况下，我国整体扶贫计划的实施通常会使扶贫的社会政治经济目标出现分歧。由于缺乏健全的能够进行利益诉求和表达、维护自身合法权益的机制，农民群体实际利益不断受到挑战，从而提高了扶贫难度。

（2）基本社会权益层面的排斥。我国公民的基本社会权益主要包括受教育权、社会保障权、社会尊重权等，而农民群体的这些权益均在不同程度上受到政策性排斥，致使农民群体人力资本存量降低及农民群体的脆弱性增加。

农民群体人力资本存量水平较低。知识是人类进步的阶梯，知识能力是人类最重要的能力之一，而教育则是人类获得知识能力的重要渠道，只有知识能力与人力资本存量得到相应提升，才能从本质层面解决农民群体的贫困问题。然而，我国农村农民群体长期以来并没有享受到平等的教育权，特别是在一些老、少、边、穷地区。现有政策所形成的教育排斥，已经成为大范围提升我国农民群体素质和知识能力的绊脚石。无论是在义务教育、高等教育还是职业教育等方面，均存在较为明显的城乡差距。现行"二元"城乡户籍制度对农民群体在享受均等教育机会方面存在较大冲击，在高质量的教育资源分配层面显得更为明显。城乡居民本应享受同等教育权利，但是许多农民群体却被排斥在各层次水平教育之外，这些"二元"政策严重阻碍着农民自身脱贫能力的提升以及代际流动的加速，使得原本存在的弱势群体深陷代际流动的恶性循环之中。

公共福利权利被忽略。特别是改革开放以来，国家通过多种福利政策和措施为城市居民提供了更为健全的社会保障体系与更为完善的公共基础服务，却忽略了农村居民相应的医疗卫生、粮油供应、基本社会保障等制度方面的建设，导致农民应对突发灾害能力的下降和物质储备的不足，农村居民处于公共福利权利长期受到政策性排斥的窘境。国家统计局数据显示，在改革开放初期，占全国人口70%以上的农民群体完全与社会保障和福利制度无缘，农民群体的分享与贡献比持续处于较低状态。自20世纪90年代以来，特别是党的十七大之后，党和国家开始重视农村社会保障与福利，农村的社会保障事业建设为部分贫困农村居民摆脱贫困提供了重要途径。但是，城乡社会保障体系建设仍存在较大差距。以城乡最低生活保障政策为例，民政部发布的《2012年社会服务发展统计公报》显示：2012年全国城市居民低保补助水平为月人均239.1元，农村居民低保补助水平为月人均104.0元；而民政部发布的《2014年社会服务发展统计公报》显示：2014年全国城市居民低保补助水平为月人均411.0元，农村居民低保补助水平为月人均231.4元。可见，现有政策长期排斥和歧视农民群体本应该享有的公共福利权利。

5.2.2 深刻认识我国农村反贫困模式中的缺陷：缺乏人文思想

经济贫困是贫困最直接的外在表现形式，具有很强的感觉冲击力，容易唤起人们的关注，以往的农村扶贫更多的是经济扶贫，而很少关注贫困的内涵及其原因。其实，经济贫困的深层次原因是人文贫困，或者对经济的扶贫首先是人文扶贫。可是，在以前的扶贫中，不管是政府还是社会，只重视经济扶贫，缺乏人文扶贫。所谓人文扶贫，联合国开发计划署在《人类发展报告（1997）》中定义为：人文扶贫是指人们在寿命及健康、居住、知识、参与、个人安全和环境等方面的基本条件得不到满足而限制了人的选择。对照这一定义，本书认为，我国现阶段农村扶贫模式的人文缺陷表现为以下几个方面：

（1）扶贫的政治色彩较浓。当前，扶贫工程大多是当作政绩来完成，在扶贫过程中没有把贫困者当成脱贫的主体而是把他们当作脱贫的工具，在整个扶贫过程中，扶贫者很少与贫困者沟通、交流，而是将扶贫工程强加给贫困者。主要表现在一些地方政府政策决策中的短期化行为突出，甚至出现寻租现象，出现一些地方领导从本级政府的利益出发或者以长官意志为转移，不顾实际地盲目搞一些所谓的扶贫项目，不仅效果很差，甚至造成极大的浪费。有的地方扶贫项目选择失当，投资决策不科学，导致许多"无用工程"等。特别是有些地方政府的领导人急功近利，好大喜功，一味追求脱贫的数量，不注重巩固扶贫成果，致使大量脱贫人口返贫。同时，在整个扶贫工程中侧重"输血"而不注重"造血"，只是以资金注入而并未使贫困者生存和发展的本领得以提高，这样的扶贫治标不治本，很难持续发展。

（2）政府扶贫中对贫困人口的发动和组织不力，重被动服从，忽视对贫困人口自我发展能力的培养。我国自上而下的管理型扶贫治理结构存在的突出缺陷是对贫困人口的发动和组织不力，反贫困似乎只成了政府的事，而缺少贫困人口的积极参与和脱贫的主动性。贫困人口被排斥在治理结构之外，处于被动接受地位。特别是由于在政府主导的扶贫形式下，贫困人口经济生活对政府和基层行政组织的依赖，形成了一种对行政体系特殊的遵从心理和习惯，大大弱化了其参与意识，由此衍生出部分贫困地区及人口对政府的强烈依赖。

（3）重物质扶贫轻精神扶贫。贫困文化论者认为，贫困虽然表现为一种经济条件，但它同时也是一种自我维系的文化体系，穷人长期生活在贫困之中，出于对贫困现状的无奈反应，久而久之就会形成一种特定的生活方式和特定的思维模式，以及特定的行为规范和价值观念体系，这就是反映在人们眼中的贫困者"好吃懒做""不思进取"的形象。实际上，贫困者之所以选择这种生活，那是他们对贫困生活的无奈适应，也是一种无可选择的选择，他们掌握的资源是十分有限的，残酷的现实使他们不敢去冒更大的风险动用只够眼前生活的资料来改善生活，所以只好"等、靠、要"，"贫困文化"就这样形成了。

我国长期以来形成的以政府为主体的扶贫模式，在贫困者看来反贫困就是政府的事而与自己无关，政府给钱就要，政府让干就干，项目成功固然好，不成功也没有自己的事，久而久之，贫困者也就形成了"等、靠、要"的思维模式。当贫困者面临的主要不是物质上的贫困时，完全的物质上的扶贫就失去了意义，就不会取得什么效果，可是我国现有的扶贫模式还没有注意到贫困者的精神贫困问题，仅仅从物质上扶贫是扶贫效率不高的主要原因之一。

（4）在扶贫中忽视性别意识，这也是人文缺失的一种表现。根据性别发展理论，妇女在对提高人口质量和推动经济发展中具有重要作用，只有重视所有的性别的发展，才能获得有效的社会的发展。在我国，由于受封建思想和传统观念的影响，妇女历来都处于被忽视的地位。在经济上和政治上没有话语权使得她们在发展上处于更加劣势的地位。在农村，妇女没有参政议政的机会，被局限于家庭范围内，社会交往活动极少，受到的教育也少，导致性格封闭，素质低下，这种情况极大地影响着贫困地区的反贫困。因此，当前我国农村反贫困的现状更加需要扶贫者重视性别意识，能否解决好妇女的反贫困问题也是反贫困成败的关键。

5.3　决胜 2020

通过以上分析，可以得出如下结论：①排斥性政策是导致我国农村长期贫困存在的重要原因，由社会排斥导致的农民的高脆弱性是当前农村剩余贫困存在的主要特征。这种高脆弱性表现在：政策上，农民没有发言权，是被动的接受者；行政上，农民是被管理者；社会保障和福利上，农民无缘分享；公共基础资源分配上，农村无暇被顾及。因此，对农村长期贫困的消除工作重心应放在消除社会排斥层面。②在精准扶贫中仍存在没有把贫困者放在扶贫的主体地位，没有发挥贫困者的积极性、主动性和创造性，没有做到扶贫的可持续发展，没有在扶贫当中提高贫困者的素质和贫困者自我发展的能力，而这些都是与新发展观以人为本的要求背道而驰的。因此，构建以人为本的新型、主动型、更具精准性的农村反贫困措施是决胜 2020 农村反贫困的重要举措。

5.3.1　进一步清理并消除对农村的排斥性政策

5.3.1.1　消除城乡二元户籍制度

我国户籍制度的特殊性在于户籍权益化,两种类型户口背后依附着数十种有区别的权益,二元户籍管理制度主要代表的是二元权益,户籍与就业、社会保障、教育权益直接挂钩,农民群体在分享上述公共社会资源时被严重隔离。因此,城乡二元户籍制度是我国农民受到政策性排斥的源头。虽然我国的户籍制度改革取得了丰硕的成果,但目前农民群体在二元户籍管理制度中仍然无法实现与城镇劳动者平等地位并享受对等的权益,它揭示了我国传统户籍制度的缺陷及与其捆绑的相关政策所导致的不公平性。因此,要达到彻底消除农民在教育、医疗和公共福利等方面受到的社会排斥和歧视的目的,户籍制度改革的重点就应放在废除二元户籍制度及彻底破解城乡分治的社会结构。除此之外,还应建立城乡统筹的户籍管理制度,实现城乡无差异化管理,完成城乡社会保障信息无缝对接,促进社会和谐。

5.3.1.2　消除公共福利中的排斥

消除传统户籍制度的二元结构,建立与农村现状配套的社会保障体系,优化升级社会资源配置,保障农村福利水平稳步提升。在市场经济条件下,转移支付是通过增加政府支出来达到经济增长的目的,其不仅能提高农民的抗风险能力,也能从体制层面提升农民群体的可支配收入。因此,建立和完善农村社会保障体系,消除目前社会保障和福利体系中的二元结构是有效促进农村地区经济持续增长,提高农村居民收入的有力举措。

要特别重视特殊脆弱性贫困农民的医疗保障。建立健全农村贫困地区和贫困人口的医疗保障制度能够较好地解决因病致贫和因贫致病两方面的问题。在剩余贫困中半强制推行大病统筹制度,这一制度安排的核心是要求参加大病统筹制度的农民,这和城市居民的医疗保障有些类似。

5.3.2　增强有助于降低未来贫困的风险应对机制,提高农民抵御风险冲击的能力

降低农村剩余贫困的脆弱性和提高农民抵御风险的能力,重点是建立

城乡平等应对风险的机制。当前，自然灾害和疾病已经构成了与我国贫困群体最密切的风险。新中国成立以来，我国政府就一直致力于对自然灾害的防范工作，在农业基本设施以及灾害易发点农民的安置方面进行了大量投入，这对减轻无法预测的自然灾害对农业生产及农民正常生活的冲击起着至关重要的作用。政府能在灾害之后及时提供有效的救助，缩短受灾家庭恢复生产生活的时间。但是，在我国农村仍未形成具有长效机制的防灾抗灾措施，原有措施在应对自然灾害时显得尤为乏力，"因灾贫困（或因灾返贫）"问题十分突出。在农村受灾频率高于城市的客观条件下，建立城乡高效科学的应对自然灾害风险的机制，如积极推动农民购买保险、进行家庭储蓄等，能够较好地应对自然灾害而避免农民陷入贫困。

疾患风险是农民群体面临的重大风险之一。虽然我国在农村医疗改革工作中取得了显著成绩，但与严峻的农村医疗卫生压力相比，现有农村医改规模还远不充足，未能在防范风险和降低脆弱性方面产生重大影响，"疾患贫困（或疾患返贫）"在农村还非常普遍。因此，应该从事前和事后两个层面来降低疾患风险与提升抗风险能力。在事前方面，应建立农村快速就诊通道，升级基础医疗条件，保障农民以最快的速度获取可靠的医疗服务；提高农村卫生水平，降低农村居民患病风险。事后层面的重点在于防范患病后的无资金支持，因此应对目前农村医疗保险制度进行改革，扩大疾病报销范围，扩大医保资金渠道，保障充足的保险资金。

5.3.3 坚持扶贫工作中贫困人口脱贫的"主体性"人文精神

5.3.3.1 转变扶贫观念

以人为本是新发展观的核心内容，强调"以人为本"就是要求我们在扶贫工作中要以人为出发点和归宿，在制度上和体制上确立并运用人的尺度，要对人的生存和发展命运确立起终极关怀，不断满足人的多方面需求和促进人的全面发展。具体地说，就是要尊重和保障人的权利，不断提高人的思想道德素质、科学文化素质和健康素质；要创造人们平等发展、充分发挥聪明才智的社会环境。这就要求我们在扶贫当中肯定贫困者反贫困的主体作用，把扶贫项目当作一种手段和载体而不是目标，坚决摒弃扶贫中把项目作为目的，而把人当作手段和工具的落后的做法，在扶贫中满足人的需要，增强贫困者的自我发展的能力，全方面地提升人的素质，实现人的全面发展。只有如此，才能实现人的全面发展和可持续发展。

以人为本和可持续发展，同时也涵盖了妇女发展问题。妇女占人口的一半，妇女问题是社会问题，促进男女平等、协调发展是促进经济与社会协调发展和人的全面发展的重要组成部分，只有两性平等并都获得发展，人类的发展和社会的发展才能获得发展，所以妇女的发展也是科学发展观的内在要求。这就要求我们在扶贫中要促进男女平等和社会全面进步，重视性别意识，提高妇女地位，提升她们的素质，重视她们在扶贫中的积极作用。在扶贫中要为贫困者提供一种民主的管理机制和模式，培育一种民主和社区的精神和模式，使得脱贫有保障，贫困者不再返贫。

5.3.3.2　重视贫困地区和贫困人口的教育

劳动者素质低下，是贫困人口长期难以脱贫的重要原因，不解决剩余贫困的素质问题，要使其摆脱贫困根本是不可能的。因此，教育扶贫是扶贫的根本，应把优先加强针对性教育作为促进和提升剩余贫困农民人力资源素质的核心途径。增加对贫困地区的人力资本投资，强化其人文及制度方面的能力，这是将贫困地区的发展过程内部化，确保消除贫困和缓解贫困的关键。

5.3.3.3　深化精准扶贫服务体系，使扶贫措施真正惠及贫困农民

《世界银行 2004 年发展报告》的主题是"让服务惠及穷人"，这是世界银行多年的全球反贫困实践的经验总结。我们要将服务体系构建在困难群体的身边，延伸到困难群体的家中，要做好困难群体的需求调查，针对需求设计服务内容才能增加贫困群体的福利。特别要关注对贫困群体的精神服务，帮助他们战胜自我，重新走向社会。对此，建立社会工作者制度应该提上议事日程。

第 6 章
结论与研究展望

从经济社会学角度看，农民（工）流动、农民土地财产权利实现、农民转型及发展是乡村振兴战略中必须要解决好的三个方面的问题。怎样才能处理好这三个问题，不仅关系到农民自身的权益正当实现，也关系到乡村振兴战略能否顺利推进，同时，也与新型城市化（城市聚群发展）直接相关。

人民是历史的创造者，是推动社会发展的基本力量。农民在中国乡村振兴战略中具有主体性地位，农民（农民工）对乡村振兴战略和新型城市发展战略都具有十分重大的积极意义，无论农民工市民化还是回流都只能由农民（农民工）自己来决定。政府作为能够发挥重大影响的因素，首先要谨慎地处理好自己的角色和定位问题；其次要为农民（农民工）提供切实的权益保障制度，并落实相关政策的执行。

包括农民工在内的农民不管是市民化发展还是回流返乡发展，在新的时代背景下，其现代性转型是适应现代社会发展和乡村振兴战略的内在要求。农民的现代性转型应该以现代性社会及其以网络信息为代表的新技术革命的内在性或伦理观为依据和要求，使之培养成为一支能够推动现代社会发展的重要力量，培养成为中国乡村发展所需的各类乡村人才。

经过几年的精准扶贫工作后，农民剩余贫困的存在具有顽固性特征。从社会学的视角看，这种顽固性可能更多的是由于贫困农民的脆弱性造成的：首先是知识的贫困并由此导致的认识、技能等的贫困；其次是应对各种风险的能力的弱小，面对风险时极容易陷入贫困状态；最后是人文关怀的缺乏。扶贫工作决胜 2020 年，首先要坚持"以人为本"发展观和扶贫观，坚持对贫困人口脱贫的"主体性"人文精神的关怀。其次要更有针对性加强对剩余贫困者的教育和培训。最后要为贫困者构建应对风险的机制，预防脱贫者无法应对风险而重新陷入贫困。

农民的土地财产权实现是农民最核心的问题，2019 年 8 月新修订的《土地管理法》对农民的土地财产权益及其实现问题进行了许多突破的阐述和规定，对农民土地财产权益的公平实现将发挥重大作用。

在农民土地财产权益实现中，有关农民农地承包权的权益实现的研究和政策指导仍十分有限，本书对此作了一些有益的探索（重要的创新之处），构建了农地承包权退出与农业转移人口市民化成本解决的联动机制、退地农民承包权补充养老金额机制以及退地农民和农村新型经营主体的"退用结合"的经济激励机制。在退出机制设计过程中提出了以下几个观点：①确立了退出机制实现中，加强顶层设计，需要政府引导整体政策落实，同时市场主导农民土地承包权退出机制的运行，多方主体共担承包权退出的补偿费用的原则。②农地承包权的退出应该是一个动态变化的过程，农地承包权的退出应该基于不同的主体的特点，根据退地农民的需求有针对性地做出退出方式的选择，即可以采取一次性的永久退出，也可分期限地退出如只选择退出承包权 10 年期、20 年期、30 年期。③构建了农地承包权退出与农业转移人口市民化成本解决的联动经济激励机制，即成立一种"土地退出和农民工市民化"的基金，投资于有前景的农业项目，一方面为现代化农业的发展带来启动资金，从而提高我国农地的规模经营和耕地生产率，促进土地红利，保证国家粮食安全；另一方面获得的投资收益用来补偿离农农民退出土地承包权，并弥补农民工市民化成本的不足。④构建了农地交易的"互联网+"市场，使有退地需求的农民和希望进行农业生产经营活动的主体之间形成类似"淘宝商城"的农地交易模式，即农业经营主体通过提供农地抵押、入股等流转方式吸引退地农民实现土地经营权的流转与退出，从而达到放活农村土地的目的。⑤创新性地提出了可以通过放开农村集体成员的限制，放开农村户籍准入制度来促进农村土地利用率，让想承包农地的非农村集体成员也能有农地承包权。⑥针对农民退地后保障问题，提出退地农民的社会保障机制与退地农民其他权益的保障相结合，来实现对农地资源保障性作用的替代，打消退地农民的后顾之忧，确保农民土地承包权退出推进的实施效果。

但是，农民退出农地承包权后，怎么处理集体成员和农村集体的权益关系，如何完善承包权的退出补偿机制，使得农民土地退出与解决农民工市民化成本有效地结合在一起，继而保障农民退出承包权后的权利，综合来看，下列几个方面还有待进一步深入研究。

（1）"三权分置"下我国农村土地产权权责仍然不明晰。我国对于承包权、经营权的权利界定、性质和内容没有相关的法律文件，因此在加快农村土地产权确权登记的同时，我国法律有关部门要出台相关的农村土地产权的法律文件，并开展对农民拥有的土地权益的普及教育工作，让农民和集体认识自己享有的权利和义务，促进集体成员和农村集体的关系。

（2）现阶段土地承包权退出的试点工作有一定的成效，但是退出的方式不够灵活，补偿的标准不统一，补偿的金额是否能弥补农民退出农地的损失，还有待考量。因此，在实践中首先应当对承包权价值进行有效评估，不应该忽视其心理价值。其次展开循序渐进的土地承包权退出方式，不一定要强调农地承包权的永久退出，可以针对不同的退出主体采取不同的退出方式，分阶段地有序推进。再次建立多方主体共同分摊的退出补偿成本，土地退出和农民工市民化的成本解决基金，双管齐下，为解决土地退出补偿以及农民工市民化高成本做贡献。最后建立健全退地农民的后续社会保障机制，使得退地农民有利可图，从而进一步代替土地的社会保障功能。

（3）现阶段我国农民退出承包权后的权益保障机制几乎呈空白状态，有关部门应该重视农村转移人口户籍转出后进城的社会保障问题以及退地留有农村户籍的农民的权益问题。此外，还要对农民退地后选择重新拥有土地承包权的有偿机制进行完善，解决农地成员权的其他剩余权利问题。

（4）可以尝试适当放开农村户籍制度，促进农村户籍与城市户籍之间的竞争，从而更有利于社会公平，进而对土地使用效率和农业规模经营具有促进作用。

参考文献

（一）主要参考文献

[1] 彭新万. 创新农民工市民化成本解决思路——基于国内文献的分析 [J]. 内蒙古社会科学（汉文版），2018（5）.

[2] 彭新万，张凯. 中部地区农民工回流趋势与政策选择 [J]. 江西社会科学，2017（6）.

[3] 彭新万，崔苗. 我国农地发展权配置与实现路径的理论与策略分析——农民、农村集体与国家分享视角 [J]. 求实，2015（11）.

[4] 彭新万，程贤敏. 脆弱性与农村长期贫困的形成及其破解 [J]. 江西社会科学，2015（9）.

[5] 彭新万. 农民土地财产权的现实困境与市场化实现——基于"私有"产权视角 [J]. 学习与探索，2014（12）.

[6] 彭新万. 我国农村土地产权清晰化配置与实现——基于农村土地功能变迁视角 [J]. 江西社会科学，2013（6）.

[7] 彭新万. 基于农地功能视角的农地制度改革路径：产权鉴别及其管制放松 [J]. 内蒙古社会科学（汉文版），2013（2）.

[8] 彭新万，陈海丹. 统筹城乡发展中农村宅基地使用权流转机制构建——基于江西省部分市（区）、县农村宅基地使用权流转现状的分析 [J]. 求实，2012（5）.

[9] 彭新万. 论当代新型农民的培育——源于对新技术革命中科学伦理观的思考 [J]. 郑州轻工业学院学报（社会科学版），2009（3）.

[10] 彭新万. 农村传统反贫困模式中的人文缺陷与化解 [J]. 理论探讨，2006（4）.

[11] 丁洁琼. "三权分置"下的农村土地承包权有偿退出机制研究 [D]. 江西财经大学硕士学位论文，2018.

[12] 邵芬芬. 乡村振兴战略背景下河南省回流农民工人力资本建设

研究［D］. 江西财经大学硕士学位论文，2019.

（二）其他参考文献

［1］毕天璋. 新技术革命与社会道德建设［J］. 河南教育学院学报（哲学社会科学版），1997（3）.

［2］北京天则经济研究所《中国土地问题》课题组，张曙光. 土地流转与农业现代化［J］. 管理世界，2010（7）.

［3］陈爱华. 从《1844年经济学哲学手稿》看青年马克思的科学伦理观［J］. 东南大学学报（哲学社会科学版），2000（1）.

［4］陈新，韦带莲. 新型城镇化背景下农民工回流的影响因素研究——以江西省为例［J］. 宜春学院学报，2014（11）.

［5］陈舜，徐舒. 农民工与城镇职工的工资差距及动态同化［J］. 经济研究，2014（10）.

［6］陈世海. 农民工回流辨析：基于现有研究的讨论［J］. 农林经济管理报，2014，13（3）.

［7］陈明星. 从"往外走"到"归来去"［N］. 河南日报，2018-12-07.

［8］崔朝栋. 论中国农村城镇化中土地制度改革的路径选择［J］. 河北经贸大学学报，2011（4）.

［9］戴中亮，杨静秋. 农村集体土地发展权的二元主体及其矛盾［J］. 南京财经大学学报，2004（5）.

［10］邓大才. 试论农村土地承包权证券化［J］. 财经研究，2003（4）.

［11］丁萌萌，徐滇庆. 城镇化进程中农民工市民化的成本测算［J］. 经济学动态，2014（2）.

［12］丁关良. 农民的土地承包权与农户的土地承包经营权辨析［J］. 宁波职业技术学院学报，2004（5）.

［13］丁关良，阮韦波. 农村集体土地产权"三权分离"论驳析——以土地承包经营权流转中"保留（土地）承包权、转移土地经营权（土地使用权）"观点为例［J］. 山东农业大学学报（社会科学版），2009（4）.

［14］杜文骄，任大鹏. 农村土地承包权退出的法理依据分析［J］. 中国土地科学，2011（12）.

［15］杜海峰，等. 农民工市民化成本测算模型的改进及应用［J］. 当代经济科学，2015（2）.

［16］杜宇. 城镇化进程与农民工市民化成本核算［J］. 中国劳动关系学院学报，2013（6）.

［17］傅东平，李强，纪明. 农业转移人口市民化成本分担机制研究［J］. 广西社会科学，2014（4）.

［18］付志鸿，陈标平. 统筹城乡视阈下的中国农村反贫困战略转向［J］. 求实，2013（4）.

［19］冯俏彬. 农民工市民化的成本估算、分摊与筹措［J］. 经济研究参考，2014（8）.

［20］高富平. 农村建设用地制度改革研究［J］. 上海财经大学学报，2010（2）.

［21］国务院发展研究中心课题组. 农民工市民化进程的总体态势与战略取向［J］. 改革，2011（5）.

［22］谷玉良. "众筹创业"与"村企合一"：新时期农民工返乡创业研究［J］. 求实，2016（8）.

［23］郭晓鸣，高杰. 我国农村土地承包权退出的地方探索与基本判断——基于四川省内江市的改革实践［J］. 国土资源科技管理，2017（4）.

［24］郝丽丽，吴箐，王昭，王伟. 基于产权视角的快速城镇化地区农村土地流转模式及其效益研究——以湖北省熊口镇为例［J］. 地理科学进展，2015（1）.

［25］韩立达，韩冬. 市场化视角下农村土地承包经营权有偿退出研究——以成都市为例［J］. 中州学刊，2016（4）.

［26］韩峥. 脆弱性与农村贫困［J］. 农业经济问题，2004（10）.

［27］何国梅. 新阶段农村扶贫的几点思考［J］. 重庆邮电学院学报（社会科学版），2004（5）.

［28］何晓琦. 长期贫困的定义与特征［J］. 贵州财经学院学报，2004（6）.

［29］黄承伟. 贫困脆弱性：概念框架和测量方法［J］. 农业技术经济，2010（8）.

［30］黄贻芳，钟涨宝. 城镇化进程中农地承包经营权退出机制构建［J］. 西北农林科技大学学报（社会科学版），2014（1）.

［31］洪秋妹. 健康冲击对农户贫困影响的分析——兼论健康风险应对策略的作用效果［D］. 南京农业大学博士学位论文，2010.

［32］胡桂兰，等. 农民工市民化成本效益分析［J］. 农业经济问题，2013（5）.

［33］胡拥军，高庆鹏. 处理好农民工市民化成本分摊的五大关系［N］. 中国财经报，2014-08-14.

［34］蒋南平. 中国农村土地集体所有权问题研究［J］. 经济学动态，2009（9）.

［35］康涌泉. 农业转移人口市民化的成本及收益解析［J］. 河南师范大学学报（哲学社会科学版），2014（6）.

［36］眭海霞，陈俊江. 新型城镇化背景下成都市农业转移人口市民化成本分担机制研究［J］. 农村经济，2015（2）.

［37］李抗. 改革开放三十年农村土地制度的变迁［J］. 资源与人居环境，2009（4）.

［38］李光德. 农地产权弱他性、产权冲突及其变迁优化［J］. 经济经纬，2011（1）.

［39］李宗录，王德梅. 论"三权分置"中土地承包权与经营权的权利性质［J］. 石家庄学院学报，2017（1）.

［40］林兴初，陈晓熊. 农民现代化与发展本体的时代性变迁［J］. 理论与改革，2006（1）.

［41］刘峰. 新型城镇化背景下耕地保护机制创新研究——以湖南为例［J］. 湖南财政经济学院学报，2016（2）.

［42］刘刚. 农民土地产权残缺与不公平农地收益分配制度研究［J］. 经济纵横，2011（8）.

［43］刘永湘，杨明洪. 中国农民集体所有土地发展权压抑与抗争［J］. 中国农村经济，2003（6）.

［44］刘国臻. 中国土地发展权论纲［J］. 学术研究，2005（10）.

［45］刘永湘，杨明洪. 中国农村农民集体所有土地发展权的压抑与抗争［J］. 中国农村经济，2003（6）.

［46］刘恒科. "三权分置"下集体土地所有权的功能转向与权能重构［J］. 南京农业大学学报（社会科学版），2017（2）.

［47］刘同山，赵海，闫辉. 农村土地退出：宁夏平罗试验区的经验与启示［J］. 宁夏社会科学，2016（1）.

［48］刘合光. 乡村振兴战略的关键点、发展路径与风险规避［J］. 新疆师范大学学报（哲学社会科学版），2018（3）.

［49］刘同山. 农户承包地的退出路径：一个地方试验［J］. 重庆社会科学，2016（11）

［50］陆成林. 新型城镇化过程中农民工市民化成本测算［J］. 财经问

题研究，2014（7）.

　　［51］罗必良，何应龙，汪沙，尤娜莉. 土地承包经营权：农户退出意愿及其影响因素分析——基于广东省的农户问卷［J］. 中国农村经济，2012（6）.

　　［52］马万里，陈伟. 城市化与耕地保护——对我国城乡建设用地合理流动机制的构想［J］. 经济社会体制比较，2009（3）.

　　［53］马佳，薛信阳，杨德利. 乡村振兴背景下农户土地承包权退出意愿及影响因素研究——基于上海459户农户的实证分析［J］. 上海农业学报，2019（2）.

　　［54］聂华林，拜琦瑞. 西部"三农"问题的特殊性及解决思路［J］. 改革，2005（6）.

　　［55］高佳. 土地承包权退出及经济补偿研究［D］. 西北农林科技大学博士学位论文，2016.

　　［56］高佳，李世平. 农户土地承包权退出意愿的影响因素［J］. 干旱区资源与环境，2016（8）.

　　［57］高佳，李世平. 产权认知、家庭特征与农户土地承包权退出意愿［J］. 西北农林科技大学学报（社会科学版），2015（4）.

　　［58］欧阳南希. 中国农民土地财产权保护新论［J］. 经济研究导刊，2013（3）.

　　［59］潘俊. 农村土地承包权和经营权分离的实现路径［J］. 南京农业大学学报（社会科学版），2015（4）.

　　［60］单菁菁. 农民工市民化的成本及其分担机制研究［J］. 学海，2015（1）.

　　［61］申兵. "十二五"时期农民工市民化成本测算及其分担机制构建——以跨省农民工集中流入地区宁波市为案例［J］. 城市发展研究，2012（1）.

　　［62］石智雷，薛文玲. 中国农民工的长期保障与回流决策［J］. 中国人口·资源与环境，2015（3）.

　　［63］宋伟，陈百明，张英. 中国村庄宅基地空心化评价及其影响因素［J］. 地理研究，2013（1）.

　　［64］谭荣，曲福田. 中国农地发展权之路：治理结构改革代替产权结构改革［J］. 管理世界，2010（6）.

　　［65］滕丽娟. 政治学视角下新生代农民工社会资本功能与存量研究［J］. 求实，2011（10）.

［66］唐凯麟. 当代新技术革命的伦理意蕴［J］. 道德与文明，1998（10）.

［67］唐凯麟. 新技术革命条件下人的社会责任［J］. 科学资讯，2004（2）.

［68］王志章，韩佳丽. 农业转移人口市民化的公共服务成本测算及分摊机制研究［J］. 中国软科学，2015（10）.

［69］王永莉. 国内土地发展权研究综述［J］. 中国土地科学，2007（3）.

［70］王嘉，金超. 土地发展权：保障控规公平的新思路［A］//中国城市规划学会. 生态文明视角下的城乡规划——2008 中国城市规划年会论文集［C］. 2008.

［71］王硕. 农户退出土地承包权的意愿及影响因素——以重庆市梁平区为例［J］. 农村经济与科技，2018（13）.

［72］温锐. 农地产权制度改革的历史纠结、共识与创新节点［J］. 经济学动态，2013（2）.

［73］吴宣恭，黄少安. 产权所有权法权［J］. 学术月刊，1993（4）.

［74］肖金成，孙宝臣. 对当前反贫困政策的反思［J］. 经济学动态，2005（10）.

［75］谢建社. 建构农民工市民化成本分担机制［N］. 中国人口报，2015-09-07.

［76］徐大丰. 乡村振兴战略背景下农民工市民化意愿因素评价研究［J］. 山东工会论坛，2019（4）.

［77］严春鹤. 农民工市民化的内涵、障碍因素及对策分析［J］. 现代商贸工业，2018（19）.

［78］杨瑞龙. 所有制·所有权·产权［N］. 人民日报，2004-11-09.

［79］姚洋. 中国农地制度：一个分析框架［J］. 中国社会科学，2000（2）.

［80］严文清. 我国农民第二次创业奔小康的三大制约因素与八大方略［J］. 农业现代化研究，1990（8）.

［81］俞雅乖. 农民工市民化的基本公共服务投入成本及其财政分担机制研究［J］. 西南民族大学学报（人文社会科学版），2014（8）.

［82］殷一博. 农业转移人口市民化成本分担机制探索［J］. 开放导报，2014（4）.

［83］袁铖. 主要功能变迁视角下的中国农村土地制度创新［J］. 中南

财经政法大学学报, 2009 (6).

[84] 余逢伯. 农村土地制度的非均衡及其变迁 [J]. 改革, 2010 (6).

[85] 臧俊梅, 王万茂, 陈茵茵. 农地发展权的价格涵义与价值分析 [J]. 经济体制改革, 2009 (5).

[86] 张学敏. 离农农民承包地退出机制研究 [D]. 西南大学博士学位论文, 2014.

[87] 钟涨宝, 聂建亮. 论农村土地承包经营权退出机制的建立健全 [J]. 经济体制改革, 2012 (1).

[88] 张国胜. 基于社会成本考虑的农民工市民化: 一个转轨中发展大国的视角与政策选择 [J]. 中国软科学, 2009 (4).

[89] 张继良, 马洪福. 江苏外来农民工市民化成本测算及分摊 [J]. 中国农村观察, 2015 (2).

[90] 张志强, 高丹桂. 农村集体经济组织及其成员权和农村社区组织及其成员权混同的法经济学分析 [J]. 农业经济问题, 2008 (10).

[91] 张友安, 陈莹. 土地发展权的配置与流转 [J]. 中国土地科学, 2005 (5).

[92] 张清霞. 贫困动态性研究 [J]. 湖南农业大学学报 (社会科学版), 2008 (6).

[93] 谌新民, 周文良. 农业转移人口市民化成本分担机制及政策涵义 [J]. 华南师范大学学报 (社会科学版), 2013 (5).

[94] 郑兴明. 城镇化进程中农民工土地承包权退出意愿探析——基于福建省部分地区的调研 [J]. 西北农林科技大学学报 (社会科学版), 2014 (1).

[95] 郑兴明. 城镇化进程中农民退出机制研究 [D]. 福建农林大学博士学位论文, 2012.

[96] 周春山, 杨高. 广东省农业转移人口市民化成本——收益预测及分担机制研究 [J]. 南方人口, 2015 (5).

[97] 周建华, 周倩. 高房价背景下农民工留城定居意愿及其政策含义 [J]. 经济体制改革, 2014 (1).

[98] 周四丁. 基本农田发展权国家独享: 弊端与化解策略 [J]. 湖南农业大学学报 (社会科学版), 2011 (1).

[99] 周湘斌. 我国社会转型时期农民群体的社会权利与政策性排斥 [J]. 北京科技大学学报 (社会科学版), 2004 (3).

［100］周青梅."民工荒"背景下中国农村劳动力回流的解析——基于收入与产业结构视角［J］.中国人力资源开发，2014（17）.

［101］周蕾，李林桐.外出务工人力资本积累、家乡社会资本与回流农民工收入［J］.农村经济，2019（4）.

［102］周广肃，谭华清，李力行.外出务工经历有益于返乡农民工创业吗？［J］.经济学（季刊），2017（2）.

［103］周青梅."民工荒"背景下中国农村劳动力回流的解析——基于收入与产业结构视角［J］.中国人力资源开发，2014（17）.

［104］朱继胜.论"三权分置"下的土地承包权［J］.河北法学，2016（3）.

［105］［英］托尼·阿特金森.社会排斥、贫困和失业［J］.经济社会体制比较，2005（3）.

［106］奥尔森.集体行动的逻辑［M］.上海：格致出版社，2011.

［107］郭熙保.经济发展理论与政策［M］.北京：中国社会科学出版社，2000.

［108］马克思，恩格斯.马克思恩格斯选集（第1卷）［M］.北京：人民出版社，1972.

［109］马克思，恩格斯.马克思恩格斯全集（第46卷下册）［M］.北京：人民出版社，1972.

［110］毛泽东.人的正确思想是从哪里来的［M］//毛泽东著作选读［C］.北京：人民出版社，1986.

［111］孙中山.三民主义［M］.长沙：岳麓书社，2000.

［112］王卫国.中国土地权利研究［M］.北京：中国政法大学出版社，1997.

［113］张卓元.政治经济学大辞典［M］.北京：经济科学出版社，1998.

［114］Alchian A. A. and H. Demsetz. The Property Right Paradigm ［J］. The Journal of Economic History, 1973, 33（1）.

［115］Anderson Kym. Urban Household Subsides and Rural Out-Migration: The Case of China ［J］. Communist Economics, 1990, 2（4）.

［116］Benjamin W. James. Expanding The Gap: How the Rural Property System Exacerbates China's Urban-Rural, Columbia Law School, 2007; Managing Editor, Columbia of Asian Law, 2005-2007.

［117］Barrientos A., Hulme D. Chronic Poverty and Social Protection:

Introduction [J]. The European Journal of Development Research, 2005 (1).

[118] Dwayne Benjamin, Loren Brandt. Property rights, Labour Markets, and Efficiency in A Transition Economy: The case of Rural China [J]. Canadian Journal of Economics/Revue Canadienne, 2003, 35 (4).

[119] Ethan L., Laura S. MeasuringVulnerability [J]. The Economic Journal, 2003 (3).

[120] Frank Place, Keijiro Otsuka. Tenure, Agricultural Investment, and Productivity in the Customary Tenure Sector of Malawi [J]. Economic Development and Cultural Changes, 2001, 50 (1): 77-99.

[121] Gmelch G. Returning Migration [J]. Annual Review of Anthropology, 1980 (9): 135-159.

[122] Gaiha R., Katsushi I. Measuring Vulnerability and Poverty Estimates for Rural India. Research Paper No. 2008/40, United Nations University, UNU-WIDER, 2008.

[123] Hulme D. Conceptualizing Chronic Poverty [J]. World Development, 2003 (3).

[124] Ling Hin Li. Impacts of Land Use Rights Reform on Urban Development in China [J]. Review of Urban & Regional Development Studies, 2002, 11 (3).

[125] Macmillan D. C. An Economic Case for Land Reform [J]. Land Use Policy, 2000, 17 (1): 49-57.

[126] Samantha Loh. Revoeation of Land Use rights in China [J]. China Law & Praetice, 2004 (1).

[127] Todaro. M. P. A Model of Labor Migration and Urban Unemployment in Less Developed Countries [J]. American Economic Review, 1969 (59): 138-148.

[128] Terry V. D. Scenarios of Central European Land Fragmentation [J]. Land Use Policy, 2003 (20): 149-158.

后　记

　　本书的主题确定源于我十余年的思考，期间已有多项研究成果出版。

　　在新时代乡村振兴和新型城镇化的双发展战略背景下，如何处理好农民关心的主要问题将直接关系到双战略能否顺利推进。近年来，我和我的博硕学生紧紧围绕这一主题展开讨论，现在基本形成的这部简作是我们讨论的结果之一。因此，借此机会首先对我的学生丁洁琼、邵芬芬、张承、程贤敏、崔苗等表示感谢，他们多次参与了本主题的相关讨论与许多基础性工作，特别是丁洁琼、邵芬芬两位同学还承担了一些研究工作，当然，他们努力工作的态度都换来了良好的事业前景，我作为他们的老师既感谢他们为此所做的努力和付出，更为他们的光明前途感到由衷的欣慰。其次要感谢的是我所阅读的相关文献的研究者，如果没有他们前期的开拓性研究，我难以有创新性的认识。最后要感谢的是我所在单位江西财经大学经济学院及其领导和同事，本书是在学院及学院领导鼓励下完成的学术成果。同时，还要诚挚感谢经济管理出版社及其出版社王光艳等编审老师的大力支持，是他们的热情和辛苦工作保障了本书的及时出版。

　　最后，我要感谢自己一二十年来对同一研究方向的坚守和不离不弃，是这种坚守勉励我继续前行。

彭新万

2019 年 10 月于青山湖畔